Francisco,
el papa del pueblo

MARIANO DE VEDIA

Francisco, el papa del pueblo

El hombre que le cambió
el rostro a la Iglesia

Obra editada en colaboración con Editorial Planeta – Argentina

© 2013, 2025, Mariano de Vedia

© 2025, Grupo Editorial Planeta S.A.I.C. – Buenos Aires, Argentina

Derechos reservados

© 2025, Editorial Planeta Mexicana, S.A. de C.V.
Bajo el sello editorial PLANETA M.R.
Avenida Presidente Masarik núm. 111,
Piso 2, Polanco V Sección, Miguel Hidalgo
C.P. 11560, Ciudad de México
www.planetadelibros.com.mx

Primera edición impresa en Argentina: mayo de 2025
ISBN: 978-950-49-9139-7

Primera edición impresa en México: mayo de 2025
Primera reimpresión en México: mayo de 2025
ISBN: 978-607-39-2975-2

No se permite la reproducción total o parcial de este libro ni su incorporación a un sistema informático, ni su transmisión en cualquier forma o por cualquier medio, sea este electrónico, mecánico, por fotocopia, por grabación u otros métodos, sin el permiso previo y por escrito de los titulares del *copyright*.

Queda expresamente prohibida la utilización o reproducción de este libro o de cualquiera de sus partes con el propósito de entrenar o alimentar sistemas o tecnologías de Inteligencia Artificial (IA).

La infracción de los derechos mencionados puede ser constitutiva de delito contra la propiedad intelectual (Arts. 229 y siguientes de la Ley Federal del Derecho de Autor y Arts. 424 y siguientes del Código Penal Federal).

Si necesita fotocopiar o escanear algún fragmento de esta obra diríjase al CeMPro (Centro Mexicano de Protección y Fomento de los Derechos de Autor, http://www.cempro.org.mx).

Impreso en los talleres de Corporación en Servicios Integrales de Asesoría Profesional S.A. de C.V.
Calle E No. 6, Parque Industrial Puebla 2000, C.P. 72225, Puebla, México.
Impreso en México – *Printed in Mexico*

A mi padre,
que me guía como si aún estuviera entre nosotros.

INTRODUCCIÓN

El pastor que cambió
el rostro de la Iglesia

Jorge Mario Bergoglio, el argentino que más alto llegó en la Iglesia y le cambió el rostro con su sencillez y apertura, cumplió doce años de pontificado y tiene asegurado un lugar en la historia. Aclamado en todo el mundo cuando se convirtió en Francisco, en la noche romana del 13 de marzo de 2013, ejerció un liderazgo que se extiende más allá de la legión de 1400 millones de católicos en el planeta y enfrentó resistencias que se tejen, muchas veces, en el interior del propio Vaticano.

Francisco es el primer papa procedente de América latina, una de las regiones con mayores niveles de desigualdad y en la que 172 millones de personas no pueden cubrir sus necesidades elementales. En sus primeros días en Roma, se fijó el objetivo de construir una «Iglesia pobre para los pobres». En esa línea, sorprendió con un lenguaje sencillo, gestos de misericordia y descripciones descarnadas. Lo anima la intención de despertar las conciencias para llevar a la mesa de decisiones la realidad de los excluidos, refugiados y marginados. Priorizó el mensaje a los jóvenes al viajar a Río de Janeiro para presidir la Jornada Mundial de la Juventud, donde puso en marcha la llamada «revolución de la ternura». «Hagan lío», les pidió, y mostró el costado de la misericordia y el carácter misionero de su pontificado.

Fue elegido en la segunda jornada del cónclave, en la quinta votación, luego de conducir con perfil propio la arquidiócesis de Buenos Aires durante quince años. Llevaba cuarenta y cuatro años de sacerdote y se había formado en la Orden Jesuita, con altas responsabilidades en distintos momentos complejos de la vida política y religiosa en América latina: a los 33 años, entre 1973 y 1979, fue superior provincial de los jesuitas.

Instalado en Roma, el primer papa jesuita comenzó una reforma de la Curia romana que desacomodó a muchos purpurados y funcionarios de la estructura de la Santa Sede. El propósito del pontífice es «barrer a fondo la cultura de la corte» en la Curia y en todas partes, debilitar los grupos de poder, los favoritismos y las maniobras propias de una monarquía, según definiciones del propio pontífice argentino. Impulsa, además, la simplificación de la burocracia y la transparencia de las finanzas del Vaticano.

Sus doce años de pontificado, tras la renuncia histórica de Benedicto XVI, tuvieron una dimensión universal y lo catapultaron a un lugar de privilegio entre los principales líderes internacionales de su tiempo. Llevó su mensaje a todos los rincones del planeta, a los poderosos y a las periferias, y un sello particular de su papado es la cercanía a los migrantes y refugiados, que expresan nuevas formas de pobreza y fragilidad. Como ejemplo de ello, su primera visita oficial fuera de Roma fue a la isla de Lampedusa, refugio de migrantes africanos que pugnan por llegar a Europa, aunque muchos de ellos naufragan en el intento.

Pese al unánime reconocimiento internacional, Bergoglio no encontró las condiciones políticas adecuadas para viajar a la Argentina, su patria natal. Las disputas internas de corto alcance lo ubicaron en medio de una grieta que sobrevivió a varios gobiernos y aún en la actualidad sumerge a los argentinos en una crisis sin fin. La valoración de la figura de Francisco en todo el mundo contrastó, así, con la mirada prejuiciosa de muchos de sus conciudadanos, que interpretaban sus gestos y mensajes en función de los alineamientos políticos locales, en uno de los períodos de crisis más profundos que vivió la Argentina en su historia, en materia política, económica y social. Al enfrascar su figura en disputas estériles de pago chico, no tomaban conciencia de la dimensión universal del pastor supremo de la Iglesia, lo que refleja una vez más la incapacidad de la dirigencia para construir caminos de superación en el país.

Con el nombre de Francisco, el santo de Asís que en el siglo XII resignó la vida desahogada de su familia para dedicarse a ayudar a los pobres, el papa argentino asumió el trono de Pedro a los 76 años, en medio de la crisis más grave que enfrentó la Iglesia después del Concilio Vaticano II. No estaban en juego cuestiones de doctrina, sino la credibilidad de una institución que sobrevivió 2000 años y que, con la llegada del tercer milenio, veía empañado su liderazgo moral, a raíz de los escándalos de pedofilia, encubrimientos y manejos turbios en las finanzas del Vaticano. En ese sentido, uno de sus ejes fue profundizar la lucha contra los abusos sexuales en la Iglesia, cuyos pasos iniciales había dado Benedicto XVI, y la creación de mecanismos para garantizar la protección de menores.

Sus gestos de austeridad conmovieron desde el primer día. El papa argentino desechó la ostentación y la tradición de residir en los aposentos del Palacio Apostólico del Vaticano y eligió hacerlo en la residencia de Santa Marta, una edificación más sencilla, situada en el propio Vaticano, cerca de la Basílica de San Pedro. Es una casa que en 1881, en tiempos de León XIII, fue destinada a la asistencia de enfermos durante una epidemia de cólera, y que durante la Segunda Guerra Mundial albergó a prófugos judíos y representantes diplomáticos que habían roto con el régimen de la Italia fascista.

Como ha ocurrido en otros momentos históricos, Francisco enfrentó una resistencia al rumbo fijado para la reforma de la Iglesia y a las orientaciones que sus críticos identificaban con posturas populistas. A lo largo de su pontificado, dicha oposición interna derivó en intrigas surgidas en el propio Vaticano, atribuidas a sectores ultraconservadores que se vieron desplazados y perdieron influencia en el control de la Santa Sede. Las objeciones alcanzaban a los cambios promovidos en la estructura de la Curia romana, el mensaje del Papa centrado en la atención de los pobres y marginados, que consideraban excesiva, sus posiciones críticas frente al sistema económico que ganó terreno a partir de la segunda mitad del siglo XX y la preocupación por la insistencia en el cuidado del medio ambiente, entre otros temas. Lanzaron fuertes reproches al estilo de gobierno del papa jesuita, denunciaron desvíos y ambigüedades en cuestiones de fe y moral, y, ante la posibilidad de que en algún momento la sede quedara vacante, alertaron que el sucesor de Francisco debería asumir la tarea de «recuperar y restablecer verdades que se han ido lentamente oscureciendo o perdiendo».

Si bien muchos de sus críticos intentaron enfrentar su figura a la de su antecesor, la convivencia entre Francisco y Benedicto XVI puede considerarse ejemplar. Recluido en el Monasterio Mater Ecclesiae, el papa emérito rehuyó las apariciones públicas y solo acompañó al papa argentino en reuniones privadas y ceremonias públicas significativas, como la proclamación de cardenales, y el pontífice argentino lo describió como «un hombre de Dios y de oración».

En un gesto que se interpretó como una adhesión a su sucesor, en enero de 2020 Benedicto XVI ordenó retirar su firma y su foto del polémico libro *Desde lo profundo de nuestros corazones*, escrito por el cardenal Robert Sarah y presentado en coautoría con el papa emérito. La obra contenía una encendida defensa del celibato sacerdotal y había sido recibida como una presión sobre Francisco, en momentos en que el pontífice analizaba publicar un documento para pronunciarse sobre las conclusiones del Sínodo de los Obispos, que proponían «la ordenación de hombres casados, en forma excepcional, para suplir la escasez de sacerdotes en áreas remotas de la Amazonia. El papa emérito Ratzinger no quería verse envuelto en esa polémica. Finalmente, Francisco no incluyó esa reforma en el documento postsinodal "Querida Amazonia"».

Consustanciado con las reformas del Concilio, proclamó santos a sus impulsores —Juan XXIII y Pablo VI—, así como a su antecesor polaco Juan Pablo II, animadores del nuevo espíritu que sopló en la Iglesia. Valoró el pontificado de Benedicto XVI y se proclamó un continuador de todos ellos. Más que un cambio de dogmas y de principios pétreos de la doctrina, puso el acento en la renovación de las formas y estilos pastorales, para encontrar un mejor modo de acercarse a la gente. Bregó por alejar a la Iglesia del vicio del clericalismo y la concepción verticalista. Se esforzó por imprimirle un carácter sinodal, abierto y participativo, que eliminara la distancia reverencial de la figura del sacerdote y del obispo frente a los laicos. «A veces hay cierto elitismo en el orden presbiterial que lo hace separarse de los laicos; y el sacerdote al final se vuelve el "dueño del boliche" y no el pastor de toda una Iglesia que sigue hacia adelante», graficó en el mensaje de apertura del Sínodo que presidió en octubre de 2021.

Sin minimizar los desafíos internos que arrinconaban al Vaticano, Francisco volvió a colocar a la Iglesia en la mesa de los grandes debates sobre los rumbos políticos, económicos y sociales en el mundo global. Advirtió sobre el estallido de «una guerra mundial en pedacitos», y a lo largo de su pontificado se sucedieron 59 conflictos bélicos, desde la invasión de Rusia a Ucrania y los sangrientos enfrentamientos en Medio Oriente hasta los combates en Myanmar, en la República de Yemen, en la región Karabaj, en el Cáucaso, la guerra de Kivu en el Congo y la de Tigré en Etiopía, entre muchas otras hostilidades que afectan a casi un tercio de los países. El propio pontífice se sorprendió de que muchas veces se las denominara «operaciones de paz», al tiempo que denunció el negocio de las armas.

Francisco redactó la hoja de ruta de su pontificado con la exhortación apostólica *Evangelii gaudium* (noviembre de 2013), donde volvió a poner en primer plano el sentido misionero de la Iglesia —señal de que se había perdido— y en sus encíclicas *Laudato si* (mayo de 2015), donde denunció el uso irresponsable del medio ambiente y llamó al cuidado de la casa común, y *Fratelli tutti* (octubre de 2020), una invitación a la fraternidad y la amistad social.

En la citada *Evangelii gaudium* propuso nuevas líneas para darle dinamismo al mensaje de la Iglesia y fortalecer la espiritualidad misionera. Se pronunció en contra de la «psicología de la tumba, que poco a poco convierte a los cristianos en momias de museo». Reiteradamente, con ese mismo lenguaje directo y desacartonado, exhortó a «no caer en la tentación de llenar la fe de reglamentos» y, en la recordada entrevista con el sacerdote jesuita Antonio Spadaro, en agosto de 2013, luego de compartir con los jóvenes la Jornada Mundial en Río de Janeiro, identificó la misión de la Iglesia con la capacidad de curar heridas y mostrar cercanía. «Veo a la Iglesia como un hospital de campaña tras una batalla. ¡Qué inútil es preguntarle a un herido si tiene altos el colesterol o el azúcar! Hay que curarle las heridas. Ya hablaremos luego del resto», expresó en una entrevista que dio vuelta al mundo y conserva vigencia hasta hoy.

En el mismo sentido, cuando regresaba de su viaje a Brasil, en el avión lanzó a los periodistas una frase que hizo historia: «¿Quién soy yo para juzgar a los gays?». Una vez más, sin cambiar la doctrina, modificó los rígidos criterios pastorales que aún hoy se aplican en muchas parroquias frente a personas homosexuales.

Una encuesta internacional realizada por Gallup en 2018 ubicaba a Francisco como «el líder mejor valorado en el mundo». Con un 51% de adhesiones, se consolidaba como «el referente mundial que genera más confianza», en una muestra en la que participaron 46.000 personas de 57 países. Le seguían la entonces canciller alemana Ángela Merkel y en los últimos puestos se ubicaba Donald Trump. Los países que reflejaban una mejor imagen de Francisco eran Italia, Filipinas y Colombia.

En la Argentina, su tierra natal, a la que no regresó, las adhesiones positivas a la figura de Francisco relegaron las impresiones negativas, pero sufrieron un retroceso desde su elección, en 2013. Un relevamiento del Pew Research Center, con sede en Washington, realizado en 2024, mostraba que la imagen favorable de Bergoglio en su país pasó de 98% en 2013 a 74% doce años después, con un crecimiento de las opiniones negativas. En esa investigación, la imagen del Papa en la

Argentina, Brasil, Chile, Colombia, México y Perú era ampliamente positiva, pero en niveles inferiores a los registrados una década antes.

En Estados Unidos, donde se concentró una fuerte resistencia a Francisco por las reformas promovidas en la Iglesia, el 57% de las personas consultadas en la encuesta del Pew Research Center mostró una opinión favorable de Francisco, curiosamente, el mismo porcentaje que tenía en 2013, cuando asumió en el Vaticano. La mayoría de los católicos encuestados afirman que Francisco representa un cambio en la dirección de la Iglesia, aunque muchos de ellos creen que esta debería permitir el uso de métodos anticonceptivos y el acceso de la mujer al sacerdocio, entre otros temas que despiertan debate.

El legado de Francisco muestra una Iglesia activa, inmersa en un proceso de reformas, no solo en lo relativo a las estructuras de la economía y las finanzas del Vaticano, sino principalmente en la definición de un nuevo estilo de gobierno pastoral en las diócesis. Los cardenales, obispos, sacerdotes y laicos fueron convocados por Francisco a vivir en forma austera, instrumentar una «Iglesia en salida», que no excluya a nadie, con las puertas abiertas, dispuesta a los cambios y decidida a combatir los signos negativos, como los delitos de abusos sexuales, los abusos de poder y los escándalos contra menores. Una Iglesia incorporada a los grandes debates de la agenda global.

«No invento nada. Hago lo que pienso que se debe hacer y lo que me pidieron los cardenales en las congregaciones generales previas al cónclave. Puse en obra, ayudado por la comisión de cardenales, aquello que en el precónclave se dijo que el nuevo Papa tenía que hacer. Una Iglesia con todos adentro, con todos, con todos», transmitió Francisco en el décimo aniversario de su pontificado.

En *Francisco, el Papa del pueblo* presentamos, en marzo de 2013, con el Grupo Editorial Planeta, la historia de su vida, a los pocos días de su llegada al trono de Pedro. En esta edición ampliada y revisada completamos la mirada e incluimos los aspectos más relevantes de su pontificado, que después de doce años deja huellas y tareas por emprender.

UNO

El 13 del 3 del 13.
El día de Francisco

«Que Dios los perdone por lo que acaban de hacer». Mitad en broma, pero consciente de la pesada responsabilidad que comenzaba a llevar sobre sus espaldas, el pontífice elegido sobre el filo de la segunda jornada del cónclave trataba de comprender el sentido de la misión que el Señor le estaba encomendando. El cardenal Jorge Mario Bergoglio, que a los 76 años tenía derecho a imaginarse más cerca del retiro episcopal y de una vida más orientada al recogimiento y a la oración personal, luego de cuarenta y cuatro años de entrega sacerdotal y de apacentar el rebaño de casi tres millones de fieles porteños durante casi dos décadas, se encontraba en las puertas de una nueva misión. Con una mayoría abrumadora, los 114 cardenales que ante una expectativa mundial inédita debían resolver la primera sucesión de un pontífice renunciante en casi seiscientos años de historia, eligieron a un hombre que, con gestos sencillos y casi imperceptibles, transformó la mirada del mundo sobre una de las más profundas crisis de la Iglesia en el tiempo moderno. Y se metió en el bolsillo a miles de católicos y no católicos sorprendidos por un pontífice austero, amigo de los pobres, Papa del pueblo y párroco del mundo.

Eligió el nombre de Francisco y como un halo misterioso en la noche romana, la Plaza San Pedro y el mundo se poblaron del espíritu del santo de los pobres. El primer papa jesuita, el primer pontífice argentino y latinoamericano, pasaba a ocupar en puntas de pie el trono de San Pedro. Sin estridencias ni gestos ampulosos. Sin ortodoxias ni facilismos demagógicos. «El Papa es obispo de Roma. Me parece que mis hermanos cardenales han ido a encontrarlo casi al fin del mundo», dijo en un italiano suave, fiel al origen piamontés de sus padres, en un mensaje que todo el mundo entendió y que cautivó a todos, creyentes y no creyentes. Asumió el peso de la misión, en tiempos en que el mundo puso en jaque al cristianismo, y desechó el boato y la ostentación. Bendijo a todos con la sencilla sotana blanca y la cruz pectoral de plata que venía usando desde su primer día de obispo, sin reemplazarla por el oro, símbolo del poder y el sometimiento.

Francisco, un nombre que ningún Papa había elegido en dos mil años de historia, tomó el timón de la

Iglesia y viró la nave hacia un rumbo nuevo, hacia el encuentro con la gente, para ofrecerle esfuerzo, oración y humildad. No solo con palabras, sino, especialmente, con gestos. Una oración en silencio, una reverencia para ponerse al servicio de todos y un pedido para que el pueblo rece por su pastor fueron el preámbulo de un silencio que se extendió al mundo en un instante, cuando su figura apareció en el balcón de San Pedro. «Ahora me gustaría dar la bendición, pero primero pido un favor: antes de que el obispo bendiga al pueblo, les pido que oren al Señor para que me bendiga».

La multitud que lo ovacionaba hablaba distintas lenguas y reflejaba una diversidad de orígenes y procedencias. La mayoría de las 120.000 personas reunidas en la Plaza San Pedro no lo conocía el día anterior y todos, en especial los italianos, lo asumieron como propio. Los brazos de las 284 columnas que diseñó Gian Lorenzo Bernini quedaban chicos para albergar tanto entusiasmo y expresiones de alegría.

La fumata blanca, tras la quinta votación de los cardenales, había anunciado a las 19:06 que en la Capilla Sixtina todo se había consumado: ya había Papa. En una imagen que recordó la emotiva escena de fines de marzo de 2005, cuando una paloma se acercó a Juan Pablo II en su última aparición en el balcón de sus aposentos pontificios, una gaviota se posó sobre la chimenea, como si hubiera sido enviada por el Espíritu Santo.

Una señal de que en medio de tantas especulaciones, candidaturas y suspicacias, alguna influencia y pequeña intervención se le puede reservar al Espíritu Santo en el cónclave. Ante la nítida fumata blanca, la multitud estalló en gritos y muchos debieron restregarse los ojos, a la espera de que apareciera el elegido. Como reguero de pólvora, la tensión y la incertidumbre se trasladaron a las principales ciudades del mundo, donde los más avanzados equipos de telefonía no podían superar los bloqueos por el intenso tráfico digital que a esa hora se produjo en las redes sociales.

Era el 13 del mes 3 de 2013. Y, curiosamente, el reloj marcaba las 20:13, hora de Roma, cuando el cardenal protodiácono Jean Louis Tauran abrió los cortinados del balcón y anunció allí una de las frases más esperadas: *Annuntio vobis gaudium magnum: Habemus Papam! Georgium Marium Bergoglio, qui sibi nomen imposuit Franciscum.* Es la fórmula que la Iglesia tiene para transmitirle al mundo el mayor gozo, que proviene de finales del Quattrocento, y que anuncia una gran alegría: la elección del sucesor de Pedro. Si la barca andaba a la deriva, en una de las tormentas que más habían afectado a la Iglesia en los últimos tiempos, ya había sido elegido y tomado su puesto el capitán encargado de enderezarla y sacarla a flote.

Cada paso en la vida sacerdotal es una misión nueva para este religioso, lector de Jorge Luis Borges y

Leopoldo Marechal y amigo de los pobres, estudiante de química y jesuita. Ahora está ante miles de fieles que esperaban ansiosos el resultado de la fumata blanca, tras el impacto que había sacudido al mundo cuando se conoció la renuncia de Benedicto XVI, que en la mañana del lunes 11 de febrero, próximo a cumplir 86 años y tras casi ocho años de pontificado, ofreció un gesto casi sin precedentes y anunció su dimisión. «Por la edad avanzada, ya no tengo fuerzas para ejercer adecuadamente el ministerio petrino». Habló de un mundo «sujeto a rápidas transformaciones y sacudido por cuestiones de gran relieve para la vida de la fe».

Todo había pasado muy rápido. Jorge Bergoglio, que en el cónclave de 2005 había tenido una relevante actuación, fue uno de los últimos cardenales en viajar a Roma y uno de los pocos que llegó al Vaticano a pie, fiel a su hábito de manejarse con el transporte público y no usar autos oficiales.

La sencillez y la austeridad que el mundo descubrió en la noche del 13 de marzo de 2013, cuando se convirtió en el Papa N° 266 y desechó la tradicional pompa que sus antecesores aceptaban, no es producto de una impostación o estrategia, sino que forma parte de un estilo de vida al que se aferró con la rigurosidad de un religioso jesuita. Acostumbrado, tal vez, al método y a la disciplina que suelen estar presentes en la formación que se imparte en las órdenes religiosas, este modo de actuar de Francisco no tiene sus raíces en el sacrificio y la flagelación autoimpuesta, sino en la coherencia que le impone su convicción de sentirse uno más entre sus fieles.

Con el antecedente de la elección papal anterior, cuando según los trascendidos más confiables llegó a reunir unos 40 votos, al convertirse en el cardenal más votado del sector identificado con el cardenal italiano Carlo Martini, jesuita como él y abanderado del ala progresista, Bergoglio era señalado esta vez como un gran elector. A los 76 años y con la renuncia al arzobispado de Buenos Aires ya presentada, por llegar al límite de edad fijado por las normas canónicas, no figuraba ahora como candidato pero se lo veía con poder de influencia. Los medios no se ocupaban de él como lo hacían del cardenal brasileño Odilo Pedro Scherer (arzobispo de San Pablo), el canadiense Marc Ouellet (prefecto de la Congregación de los Obispos) y el italiano Angelo Scola (arzobispo de Milán). Pero los entendidos estimaban que su palabra y su guía iban a inclinar muchos votos en favor de un candidato u otro. Sus intervenciones en las congregaciones generales, los encuentros de cardenales previos al cónclave, en las que habló del rostro de la misericordia de Dios, fueron tan decisivas que la balanza se inclinó finalmente, y muy a su pesar, a favor de él. Allí dijo, sin medias tintas, que «la vanidad del poder es un pecado para la Iglesia».

Francisco alcanzó y superó largamente en la quinta votación los dos tercios de los votos requeridos para ser elegido pontífice. Habría entrado con un manifiesto apoyo de 30 cardenales, por lo menos, un piso que con el correr de las votaciones y las deserciones de algunos purpurados que vieron reducidas sus chances, como el italiano Scola, fue creciendo en forma paulatina. En el recuento de los votos, en el último turno de votación del miércoles 13, un aplauso, seguido de una ovación, saludó su consagración. En medio del desborde en la solemne Capilla Sixtina, el cardenal brasileño Cláudio Hummes, arzobispo emérito de San Pablo, que estaba sentado a su lado, lo abrazó, lo besó y le dijo: «No te olvides de los pobres». Eso iluminó al Papa electo, que decidió tomar el nombre de Francisco, en honor a San Francisco de Asís. La frase podría haberla pronunciado otro cardenal. Pero que fuera Hummes tenía para el cardenal argentino un sabor especial. Ambos representaban a América latina, un continente comprometido con la opción por los pobres. Los dos asumieron el mismo año, en 1998, como arzobispos: Bergoglio en Buenos Aires y Hummes en San Pablo. Ambos fueron nombrados cardenales por Juan Pablo II el mismo día: 22 de febrero de 2001. Y, quizás el detalle que más influyó en la elección del nombre, Hummes pertenece a la orden franciscana. En el ambiente flotaba otra jugada del Espíritu Santo: cuando muchos apostaban al arzobispo brasileño Scherer, el que jugó una carta decisiva fue su antecesor, el arzobispo emérito Hummes, tal vez descartado por tener 78 años.

En honor de San Francisco, amigo de los pobres y promotor de la paz, Juan Pablo II había reunido por primera vez en Asís, en 1987, a líderes de distintas religiones para orar por el mundo y pedir por la paz. El nombre elegido del Papa también responde a esa plegaria por la convivencia y la hermandad.

«Soy un pecador, pero acepto», dijo el cardenal primado de la Argentina al purpurado italiano Giovanni Battista Re, decano del colegio de cardenales en el cónclave y encargado de formular la pregunta de rigor a quien resultara más votado en la Capilla Sixtina.

Francisco se dirigió, así, a la contigua Sala de las Lágrimas, donde muchos pontífices electos rompen en llanto. Allí lo esperaba la vestimenta papal. De los tres modelos previstos eligió el tamaño medio y de inmediato sorprendió con una petición a los cardenales que le habían dado su voto. En su primer acto como Papa pidió llamar por teléfono a su antecesor, Joseph Ratzinger, en un diálogo que fue cordial y muy cálido. Si Juan Pablo II era la referencia obligada cuando Benedicto XVI fue elegido, Francisco tuvo siempre presente en sus primeros pasos como pontífice al papa emérito. Pidió orar por él en su primera aparición en el balcón, cuando hacía su presentación al mundo, lo llamó por teléfono el día de la misa de inicio de su pontificado, para saludarlo por el día de San José (19 de marzo), y lo visitó personalmente el sábado 23 de marzo en la residencia de Castel Gandolfo, donde Benedicto XVI se recluyó inicialmente para rezar.

El cónclave concluyó con una procesión algo más relajada que la solemne marcha que los 115 cardenales habían emprendido rumbo a la Capilla Sixtina dos días antes. Se encaminaban al balcón de la Basílica de San Pedro, donde la Iglesia comunica al mundo la identidad del nuevo guía y pastor. Con un ritmo cansino, los cardenales avanzaron mientras, más presurosos, los guardias suizos corrieron a tomar sus lugares.

En ese trayecto, interrumpido por saludos, Francisco fue meditando las palabras con las que iba a acercarse al pueblo. En sus homilías en Buenos Aires siempre hablaba de la necesidad de dejarse «primerear» por Dios, que el Señor sea el centro, lo primero. Ahora iba camino a su primer contacto con la gente. Los iba a «primerear» con una lección de sencillez, que cautivó a todos.

«Fratelli e sorelle, buona sera» (Hermanos y hermanas, buenas noches), fue el primer saludo, que generó una singular sintonía con la gente, particularmente los italianos. Y continuó, en la misma lengua: «Les agradezco esta recepción. La comunidad diocesana de Roma tiene a su obispo: ¡gracias!».

En el balcón de San Pedro, adonde estaban dirigidas todas las miradas del mundo, no es casual ni caprichoso que se haya presentado como obispo de Roma. Decidió mostrarse como un obispo más, como un primo entre sus pares. Un signo de la colegialidad episcopal, valorada en los textos del Concilio Vaticano II, que propone un estilo pastoral reñido con la verticalidad absoluta, sin espacio para el disenso y la variedad de puntos de vista. Esa clara visión de Francisco no menosprecia la autoridad del Papa, sino que la realza por el gesto generoso de mostrarse dispuesto a compartir y valorar, sin ceder un mínimo en sus responsabilidades y atribuciones, la visión que el conjunto de los episcopados pueden formular sobre un tema.

«Recemos por todo el mundo, para que haya una gran fraternidad. Deseo que este camino de la Iglesia, que hoy comenzamos y en el cual me ayudará mi cardenal vicario, sea fructífero para la evangelización de esta ciudad tan hermosa», comunicó Francisco a los fieles que desbordaban la plaza. «Muchas gracias por su recepción y recen por mí y hasta pronto. Nos veremos pronto», concluyó. Así, un pastor que reconoce que no tiene el cielo ganado y que necesita de sus feligreses como ellos necesitan de él, penetró en la sensibilidad de los romanos y de muchos extranjeros, que sintieron que les hablaba en su mismo idioma.

Las redes sociales resumían los números del impacto que ya causaba Francisco, en los primeros minutos de su pontificado. El nombre de Francisco fue citado

14 millones de veces en los tuits. Como elemento de comparación, la renuncia de Benedicto XVI había generado 1,5 millones de menciones y la muerte de Hugo Chávez, 7 millones. El 70% fue por la entonces red social Twitter, el 22% por Facebook y el 5% en los blogs.

Como primera enseñanza, Francisco mostró cuáles iban a ser sus principales armas: la oración y la humildad. Puso en evidencia que el poder de la oración viene de abajo y se sustenta arriba, en lo alto, por la base que lo sostiene. En Buenos Aires, una ciudad sacudida por el desinterés y el desencanto, las iglesias se llenaron de fieles por un día. Las campanas repicaron y la esperanza se coló entre la gente. Había terminado el mundial de la competencia, donde hasta se llegó a apostar por la suerte de acertar por un cardenal italiano, brasileño o canadiense. En la Plaza San Pedro, en Roma, la religiosa senegalesa sor Ángela alzaba su voz para gritar: «Este es un papa de la humildad y la generosidad. Nos está diciendo que nunca hay que perder la esperanza».

Identificados con el mensaje, la Plaza San Pedro fue la plaza de todos. El Papa que iba en colectivo a las villas apareció despojado de todo símbolo de poder. Para el obispo francés Bernard Podvin, la elección de Francisco fue «una señal de renovación en la Iglesia» y celebró que «por primera vez la Iglesia de los pobres tiene un

Papa». Otros advertían el triple desafío que le esperaba al pontífice: solidaridad con los pobres, diálogo con el mundo y una apertura a quienes no comparten su plenitud es el lenguaje con el que la Iglesia transmite hoy su mensaje.

Mientras periodistas de todo el mundo pugnaban por lograr el mejor testimonio, el enfoque más original, la imagen más impactante, la gente empezaba a conocer a Francisco, al Papa de los pobres, al pastor de la esperanza, al hombre que hizo de la austeridad su estilo de vida. Un pontífice que tiene su historia, su vida y mantiene con coherencia la fidelidad a la vocación sacerdotal que descubrió a los 17 años, cuando sintió un impulso y entró en la iglesia porteña de San José de Flores para confesarse. Salió ese día del confesionario con una mirada renovada, una fuerza interior muy profunda, que conservó y multiplicó y que no lo llevó a abandonar inmediatamente el mundo. Maduró su vocación, entró al seminario tres años después y adoptó un estilo de vida sencillo, que pasó a ser parte de su identidad y de su fortaleza. Se formó con los jesuitas, fue superior provincial de la Orden creada por San Ignacio de Loyola, en los tiempos convulsionados de la América latina de los años 70 y, luego de retirarse a las aulas para ejercer su misión docente, fue buscado en 1992 por el arzobispo de Buenos Aires, cardenal Antonio Quarracino, y el papa Juan Pablo II para pedirle que asumiera una nueva misión como obispo auxiliar de Buenos Aires.

Francisco desarrolló una sensibilidad muy cercana a las personas que viven situaciones de pobreza, marginalidad y desamparo. «Mi gente es pobre y yo soy uno de ellos», declaró una vez ante la prensa italiana, que destacaba su decisión de vivir en un sencillo departamento de la curia porteña y cocinarse la comida él mismo. Por ello, encontró un respaldo decisivo en sectores progresistas de la Iglesia, que lo vieron siempre como una bocanada de aire fresco frente al aparato burocrático de la Curia Romana. Los primeros pasos y gestos dados como sucesor de Pedro confirman esa percepción.

Le esperaba a Francisco el desafío de renovar una Iglesia sacudida por escándalos de sus propios hijos, en un mundo donde la vida de fe aparecía jaqueada por el avance del relativismo y la indiferencia religiosa.

Respetuoso de las formalidades, pero también amigo de los gestos que transmiten espontaneidad y frescura, Francisco escuchó con timidez el Himno Nacional Argentino que ejecutaron las bandas de música de la Santa Sede y de los carabineros en homenaje al Papa elegido. No podía evitar esta vez la exposición, como lo hacía habitualmente cuando tenía que viajar a Roma y muchas veces andaba por la calle con un modesto sobretodo negro, para evitar que lo reconocieran por el llamativo color púrpura de la vestimenta de los cardenales.

Humanos al fin, los cardenales compartieron una cena esa misma noche y el Papa elegido se sentó en ella como uno más, en la residencia Santa Marta, donde todos se habían alojado para participar del cónclave.

El cardenal Timothy Michael Dolan, arzobispo de Nueva York y presidente de la Conferencia Episcopal de los Estados Unidos, contó una infidencia, que no rompe ninguna promesa de secreto, ya que describe una situación compartida entre los purpurados cuando el cónclave había ya finalizado. «Brindamos por él y cuando él brindó por nosotros, dijo: Que Dios los perdone». Hizo reír después a todos, cuando afirmó: «Voy a dormir bien esta noche y algo me dice que ustedes también».

Los gestos de Francisco preparaban el camino para los primeros pasos de su pontificado, sintetizados por un deseo que expresó tres días después de su elección ante 6000 periodistas de todo el mundo: «¡Cómo quisiera ver una Iglesia pobre y para los pobres!», dijo, con sus viejos zapatos negros gastados y mostrando incomodidad ante cada persona que lo saludaba besándole el anillo.

Así como Juan Pablo II llegaba en 1978 «desde un país *lontano* (lejano)» para hacer escuchar la voz de los olvidados de la Europa del Este, en un acontecimiento que contribuyó sin dudas al desmoronamiento del comunismo y al derrumbe simbólico del Muro de Berlín, Francisco confirmaba la proclamada opción de la Iglesia a favor de los pobres, lanzada desde un continente sacudido por una realidad social lacerante, marcada por el drama cotidiano que posterga a 186 millones de pobres y 66 millones de indigentes. Según datos de la Comisión Económica para América Latina (Cepal), el 29% de los habitantes es pobre, a lo que se suma un informe de la Organización de las Naciones Unidas para la Alimentación y la Agricultura (FAO), que advierte que el 11,4% de los habitantes de América latina pasa hambre.

El nuevo Papa llegaba, así, desde una de las regiones con más desigualdades en el planeta y con más católicos en el mundo: 483 millones de personas. Llegaba desde un continente que en 1968, en la reunión de obispos latinoamericanos celebrada en Medellín, declaró la «opción preferencial por los pobres». La misma región que en 1979, en Puebla, México, llamó a una nueva evangelización y que en 2007, en la asamblea de obispos realizada en el santuario de Aparecida, Brasil, reconoció las luces y sombras en la vida cristiana y asumió el desafío de «convertir a la Iglesia en una comunidad más misionera». El documento lleva el estilo y la mano del cardenal Bergoglio, uno de sus principales redactores.

Desde ese lugar, lejano y a veces olvidado, Francisco llamó a los cardenales a «pasar de una Iglesia reguladora de la fe a una Iglesia que facilita y transmite la fe».

Pensando en la ardua tarea que le esperaba, el flamante Papa prometió en el balcón de San Pedro, donde comenzó su sintonía con la gente, que al día siguiente iría a visitar una iglesia en Roma para agradecerle a la Virgen y, medio en broma, les explicó que debía pasar por la residencia para tomar sus valijas y pagar la cuenta por el alojamiento. Así lo hizo. Concurrió a la basílica de Santa Maria Maggiore, la más importante dedicada a la Virgen en Roma, y se trasladó a la residencia Domus Pablo VI, sobre la Via della Scrofa, donde había estado alojado antes del cónclave, para «pagar la cuenta y dar el ejemplo».

DOS

La inmigración, un tema siempre presente. La infancia en Flores. Un prendedor con el escudo peronista. Primer contacto con las Madres de Plaza de Mayo

«La memoria no es solo lo que recordamos, sino también lo que nos rodea», escribió el papa Francisco en su libro autobiográfico *Esperanza*, al que definió como «una bolsa de viaje», en enero de 2025. Casi un siglo antes, en febrero de 1929, arribaron al Río de la Plata sus abuelos paternos, Giovanni Angelo Bergoglio y Rosa Margherita Vassallo de Bergoglio, junto con su único hijo, Mario Giuseppe Francesco, que contaba con 20 años. Llegaron a bordo del barco *Giulio Cesare*, desde la región italiana del Piamonte, en condición de inmigrantes, una realidad a la que el primer papa argentino le dio especial significado en su magisterio pontificio.

Ese viaje tuvo rasgos trágicos y proféticos. Sus abuelos habían comprado inicialmente los pasajes en tercera clase para cruzar el océano Atlántico rumbo a Buenos

Aires dos años antes, en el transatlántico SS *Principessa Mafalda*. Este buque estrella de la Marina Mercante italiana, de 150 metros de eslora y bautizado en homenaje a la segunda hija del rey Víctor Manuel III, zarpó del puerto de Génova el 11 de octubre de 1927 y naufragó cerca de las costas de Bahía, en Brasil. Se fue a pique con 305 pasajeros, 8 tripulantes y el comandante de la nave. Los tres Bergoglio salvaron sus vidas por milagro: como no habían conseguido vender a tiempo sus pertenencias, debieron devolver los pasajes y aplazar el viaje, que finalmente realizaron diecisiete meses más tarde. En Buenos Aires los esperaban los hermanos del abuelo Giovanni, quienes se habían instalado en la Argentina en 1922 y se ganaban la vida con una empresa de adoquines y asfalto.

Los orígenes de la familia Bergoglio se remontan a la granja de Portacomaro, en la provincia de Asti y región de Piamonte, adonde el arzobispo Jorge Bergoglio viajó en febrero de 2001, horas antes de que Juan Pablo II le entregara el birrete de cardenal en la Plaza San Pedro. Lo cautivaron las colinas y los bosques de avellanos de la tierra en la que había nacido su abuelo. También estuvo en Portacomaro siendo Papa, para celebrar los 90 años de su prima Carla.

El padre del Papa fue el primer y único hijo de Giovanni y Rosa. Nació en 1908 y fue bautizado como Mario Giuseppe Francesco Bergoglio. Curiosamente, ese tercer nombre —Francisco— fue el que adoptó su hijo Jorge cuando fue elegido Papa, aunque en honor del santo de Asís. Los abuelos del pontífice habían enfrentado en Italia circunstancias límite. La abuela Rosa tuvo otros seis embarazos, pero los perdió todos sobre el final, por una patología que desarrollaba sus efectos a partir del octavo mes de gestación. Mario Giuseppe se salvó porque nació a los siete meses de ser concebido.

Tras su llegada a la Argentina, Mario trabajaba como contador en una fábrica familiar instalada en Paraná. Cuando viajaba a Buenos Aires para reunirse con proveedores se alojaba en la casa salesiana de la calle Solís, a pocas cuadras del Congreso. Se sentía cómodo, por su origen italiano, y en el contacto con el mundo salesiano conoció al padre Enrico Pozzoli, de origen lombardo, con quien la familia Bergoglio forjó una relación muy cercana. El vínculo entre el padre del Papa y el sacerdote misionero se extendió hasta el final de sus vidas. Ambos murieron con menos de treinta días de diferencia.

En 1934, Mario conoció a Regina María Sívori, una mujer reservada, de ojos negros y tres años menor que él, en el oratorio salesiano San Antonio, en el barrio de Almagro, y ahí nació un amor que perduró para siempre. Regina había nacido en Buenos Aires en 1911. Su madre, María Gogna de Sívori, era piamontesa y su padre, Francisco Sívori Sturla, argentino, descendiente de genoveses. De los cuatro abuelos de Francisco, tres tenían nacionalidad italiana y el restante —su abuelo materno— cultivaba el mismo origen. Mario y Regina se casaron el 12 de diciembre de 1935, día de la Virgen de Guadalupe, en la basílica de María Auxiliadora y San Carlos Borromeo, en una ceremonia oficiada por el padre Pozzoli.

El matrimonio alquiló un departamento en la calle Varela 268, en el barrio de Flores. Allí vivían cuando el 17 de diciembre de 1936, a las nueve de la noche, nació Jorge Mario Bergoglio, el primero de sus cinco hijos, que fue bautizado a los pocos días, en la mañana de Navidad, en la misma iglesia salesiana. La familia se mudó al poco tiempo a Membrillar 542, en Flores, y un año después ocuparon en forma definitiva la vecina casa de Membrillar 531, a cincuenta metros de la vivienda de los abuelos. Muy cerca había una tintorería en la que su padre trabajó como contador y a pocas cuadras vivían sus abuelos maternos. Jorge Bergoglio creció —hasta los 21 años— a metros de la plazoleta Herminia Brumana y a nueve cuadras de la Basílica de San José de Flores.

En una de las pocas entrevistas que concedió antes de ser Papa, Bergoglio dio pistas sobre las influencias familiares que más contribuyeron a moldear su personalidad y a acercarse a la vida de la Iglesia. «La que me enseñó a rezar más fue mi abuela Rosa. Me marcó mucho en la fe y me contaba historias de santos», le dijo al padre Juan Isasmendi, uno de los sacerdotes que compartió con el cardenal y otros curas experiencias pastorales difíciles en las parroquias Nuestra Señora de Caacupé, en la Villa 21 de Barracas, y María Madre del Pueblo, en la Villa 1-11-14, de Flores.

La casa de Membrillar 531 es una vivienda sencilla, que todavía se conserva y es destino de circuitos por lugares históricos y culturales de Buenos Aires a partir de la elección de Francisco. Tiene una planta, con tres dormitorios, un comedor, una cocina con comedor de diario, un baño y una terraza, en un barrio de clase media en una ciudad de progresiva transformación.

Francisco recuerda a su madre Regina como una mujer franca, sincera y práctica, siempre atenta al progreso de su familia, especialmente en el plano cultural. Hizo estudiar piano a todos sus hijos y violín a uno de ellos. A pesar de la estrechez económica, la familia creció en un hogar feliz, según los testimonios de Francisco en su autobiografía.

Mario Giuseppe Bergoglio tenía 53 años cuando lo sorprendió un infarto en la cancha de San Lorenzo de Almagro. Le siguieron otros dos ataques cardíacos en pocos días y el último resultó fatal, el 24 de septiembre de 1961. El futuro papa era seminarista y tenía 24 años. Regina Sívori acompañó a sus hijos veinte años más. Murió en 1981.

De los cuatro hermanos de Francisco, solo María Elena Bergoglio, la menor, vivió el histórico momento de su elección como Papa en el Vaticano. Nació en 1948 y es once años y dos meses menor que el Santo Padre, quien desde Roma la llama por teléfono los domingos. Sus otros tres hermanos fueron Oscar Adrián (1938-1997), Marta Regina (1940-2007) y Alberto Horacio (1942-2010).

Jorge jugaba al fútbol con sus amigos del barrio. Muchos de ellos coincidían en la escuela primaria N° 8 Coronel Pedro Cerviño, en Varela 358, y su maestra de primer grado fue Estela Quiroga, con quien se mantuvo en contacto siempre por correo. Para sorpresa y emoción de ella, la invitó a su ordenación sacerdotal y la tuvo siempre presente, hasta que murió, en 2006.

Edmundo Fierro, el secretario de la Escuela Industrial N° 12 (hoy Escuela Técnica N° 27), era un obsesivo del orden y la disciplina. El colegio había sido fundado en 1949, en pleno gobierno peronista, y funcionaba en la calle Goya 351, en el barrio de Vélez Sarsfield, donde la ciudad de Buenos Aires se acerca a su límite geográfico. Acostumbrado a la educación estricta, Fierro quería tener todo bajo control. Los alumnos lo respetaban, pero todos los días lo ponían a prueba.

En su tarea cotidiana coincidía con docentes y directivos y establecía lazos con la comunidad, que colaboraba con la escuela en la Asociación Cooperadora. El presidente de esta institución civil, que se encargaba de reunir fondos para completar los recursos siempre escasos del tesoro público, era el contador Mario Bergoglio, esforzado padre de familia que trabajaba para llevar el pan a su hogar.

Cuando su hijo Jorge debía comenzar el secundario, su padre lo inscribió en la escuela técnica donde él trabajaba, que era de formación industrial. La rebeldía y la inocencia llevaban a los alumnos a extremar al máximo la paciencia del cuerpo docente, y si bien Jorge tenía un carácter tranquilo, más bien reservado, alguna vez inquietó al secretario amigo de su padre. Entrada la década del 50, la temperatura política del país iba en ascenso y muchos colegios, con el propósito de mantener la neutralidad y la tranquilidad en las aulas, desalentaban la temprana militancia política de sus alumnos. No permitían que los chicos llevaran al aula insignias partidarias ni que hicieran manifestaciones políticas en la escuela. Así se produjo un incidente que Gustavo Fierro Sanz, hijo de aquel secretario del colegio, recordó con bastante detalle, fruto del relato que su padre repetía como una divertida anécdota en la mesa familiar.

«Bergoglio entró en la escuela con un prendedor que tenía un escudo peronista. Entonces, mi padre le advirtió que no podía ingresar a clase con ningún símbolo. Como cualquier adolescente, no le hizo caso y al día siguiente volvió a llevar la misma insignia. Mi padre le volvió a advertir y, a la tercera vez, le aplicó una amonestación. Mi padre era antiperonista, pero no lo amonestó por estar en la vereda de enfrente, sino por violar una norma que era estricta y que debía cumplirse», relató Fierro Sanz.

A pesar del desencuentro, atribuido a las rebeldías propias de la edad, la amistad del alumno con el directivo escolar se prolongó más allá de su graduación. «El padre Bergoglio llamaba con frecuencia a mi casa, especialmente a mi madre, Elisa Raquel Sanz, que es muy católica y sigue mucho sus sermones y mensajes. Hablaban por teléfono y se veían en las misas. Siempre pidió que rezaran por él», explicó su hijo. El colegio se mudó luego a un predio mayor, delimitado por las calles Virgilio, Marcos Sastre, Molière y Baigorria, en el barrio de Monte Castro, y aún hoy se recuerda allí con afecto al ex alumno y luego papa. Es el único colegio secundario del país que puede ostentar ese orgullo.

«Nunca le oí hablar de política cuando ocasionalmente nos encontrábamos en alguna misa que iba a dar al colegio. Hacía bromas con mi marido sobre las amonestaciones, pero la política no estaba presente», aseguró doña Elisa, la esposa del secretario.

Bergoglio provenía de una familia que simpatizaba con la Unión Cívica Radical y su abuelo materno había participado en la Revolución del Parque, el levantamiento que derivó en la caída del gobierno de Miguel Juárez Celman. A partir de 1946, prevaleció en su hogar un sentimiento antiperonista, aunque en su adolescencia comenzó a interesarse por las reformas sociales de Perón. Incluso, tuvo discusiones con algunos de sus tíos en casa de sus abuelos. El joven Bergoglio veía que la doctrina peronista presentaba puntos en común con la doctrina social de la Iglesia. En varias entrevistas, Francisco comentó que Perón le enviaba sus discursos al obispo de Resistencia, monseñor Nicolás De Carlo y recordaba que, cuando acusaban al obispo de ser peronista, el líder justicialista lo negaba. «No es que De Carlo sea peronista, lo que pasa es que Perón es De Carlista», decía en sus actos políticos.

La Escuela Industrial N° 12 era muy pequeña. Funcionaba en una casa particular y cada curso tenía diez o doce alumnos. «En el patio, durante los recreos, estábamos todos juntos», evocó Néstor Osvaldo Carbajo, que estudiaba en ese colegio industrial un año por delante del Papa. Siempre tuvo muy presente las charlas de los lunes con Bergoglio sobre fútbol, antes de entrar a la escuela y en los recreos.

«Solíamos compartir partidos nocturnos, en un patio que ya no existe, en la iglesia de la Medalla Milagrosa y en la Plaza de la Misericordia, sobre la avenida Directorio. También jugábamos al básquet en la escuela», completó Carbajo, al recordar que, cuando terminó el secundario, Bergoglio ya tenía en mente ingresar al seminario y, a partir de ahí, los encuentros fueron más esporádicos.

Avanzado el tiempo, en 1999 la escuela cumplió 50 años y hubo una curiosa particularidad que puso muy contento al Papa: tres ex alumnos fueron ordenados sacerdotes ese año en el seminario metropolitano. «Hacía un año que Bergoglio ya era arzobispo de Buenos Aires. Venía a visitarnos en el colectivo 109, que lo dejaba cerca de la escuela», recordó Carbajo. A propósito, Gustavo Fierro Sanz precisó que el día del 50° aniversario, la escuela invitó al arzobispo a celebrar una misa. «Todo el mundo dice que el padre Bergoglio siempre viajó en colectivo. Y nosotros ya lo veíamos en ese momento. Mi viejo se ofreció para ir a buscarlo en auto, pero él se negó, pese a la insistencia». El resultado fue el de siempre: llegó solo, en colectivo, con una valijita chica y un piloto negro. Así llegó y así se fue. En otra ocasión, lo habían invitado especialmente a una cena de egresados. No quería defraudarlos, pero él nunca fue muy afecto a las comidas y celebraciones en público. «Estuvo un rato y se fue. No participó de la cena, pero quiso estar y estuvo», evocó el hijo del ex secretario de la escuela.

Otros testimonios dan cuenta del riguroso apego al estudio que mostraba el futuro Santo Padre. «No sé si era de demostrar mucho su fe católica, pero sé que era muy estudioso y muy tranquilo», acotó, en tanto, Fierro Sanz. A eso sumaba ya desde joven su buen humor y alegría. «En eso salió a papá», recordó una vez su hermana María Elena.

Jorge no era un eximio deportista, pero se prendía en picados de fútbol y partidos de básquet. Desde niño despuntaba su pasión por San Lorenzo —el club fundado por el sacerdote Lorenzo Massa— y a los 9 años gozó con la fabulosa campaña del club azulgrana, que se coronó campeón con un terceto delantero implacable e inolvidable: Armando Farro, René Pontoni —su ídolo— y Rinaldo Martino. El Viejo Gasómetro, convertido en un supermercado, en un predio que el club finalmente pudo recuperar en 2021, lo tuvo en sus tribunas, con sus hermanos. Y en la sencilla habitación que ocupó en el tercer piso de la Curia porteña hasta que viajó a Roma para participar del último cónclave y del que nunca volvió, conservaba un viejo trozo del tablón de madera de la vieja cancha de San Lorenzo, que albergó su último partido en diciembre de 1979, en un gris empate cero a cero con Boca Juniors.

El fútbol, sin embargo, no fue una barrera para su formación cultural y enriquecimiento intelectual. En su adolescencia cultivó literatura clásica y argentina. Desde

La Divina comedia, de Dante Alighieri, hasta *Los novios*, de Alessandro Manzoni, pasaron por sus manos, sin dejar de lado al poeta alemán Johann Hölderlin, una de las más reconocidas expresiones del romanticismo alemán.

Bergoglio tenía 12 años cuando le confesó en una carta a su compañera de colegio Amalia Damonte una de las clásicas tribulaciones de adolescente. «Le escribí una carta en la que le decía que quería casarme con ella, o tú o nadie, y para ilustrar la proposición dibujé la casita blanca que compraría para ella y en la que un día iríamos a vivir, un dibujo que, aunque parezca increíble, aquella niña guardó toda la vida», contó el Papa en su autobiografía. Recordó que la niña Amalia vivía en una casa de la calle Membrillar, a pocos metros de distancia, y su familia también era de origen piamontés. «Pero, a pesar de nuestras raíces comunes, al parecer su madre tenía otros planes para ella, porque, cuando me veía en las inmediaciones, me echaba de allí agitando la escoba», reveló el Papa con cierto humor.

La anécdota no fue más que eso, según explicó María Elena Bergoglio, cuando la historia se conoció. «¿La novia? La verdad es que nunca ha existido. Pero si esta señora lo dice, y es feliz así, ¿por qué no dejar que cuente esa historia?», dijo, al relativizar la seriedad de la propuesta.

Más allá de esa anécdota, a Bergoglio nunca se le «cruzó por la cabeza» casarse. Así lo aseguró en un diálogo con el rabino Abraham Skorka, rector del Seminario Rabínico Latinoamericano, con quien publicó el libro *Sobre el cielo y la tierra*, en el que ambos reflexionaron sobre temas inherentes a la realidad humana, como la política y el poder, la pobreza, el fundamentalismo, el divorcio, el aborto, la mujer y la existencia de Dios, entre otros temas.

Francisco recordó allí una situación que vivió cuando se preparaba para ser sacerdote, que finalmente lo ayudó a fortalecer su vocación religiosa. «Cuando era seminarista me deslumbró una piba que conocí en el casamiento de un tío. Me sorprendió su belleza, su luz intelectual… y, bueno, anduve boleado un buen tiempo, me daba vueltas la cabeza. Cuando volví al seminario, después del casamiento, no pude rezar a lo largo de toda una semana porque, cuando me predisponía a hacerlo, aparecía la chica en mi cabeza. Tuve que volver a pensar qué hacía. Todavía era libre porque era seminarista, podía volverme a casa y chau. Tuve que pensar la opción otra vez», reveló Bergoglio en ese texto, editado en 2010. Frente a una situación de confusión que puede plantearse a una persona que está en el camino de su vocación sacerdotal, Francisco tuvo siempre una posición muy clara: «Cuando a algún seminarista le pasa algo así, lo ayudo a irse en paz, a que sea un buen cristiano y no un mal cura».

El tango es una de las debilidades del primer Papa nacido en la Argentina. Aunque nació un año y medio después de la trágica muerte de Carlos Gardel, el «Zorzal Criollo» fue siempre uno de sus preferidos, al igual que Azucena Maizani, a quien años más tarde, en su lecho de muerte, le dio la unción de los enfermos, y Julio Sosa. La renovación del tango también le atrajo y le gustaban los discos de Astor Piazzolla y Amelita Baltar. Incluso, Edith Piaf y la música clásica, con la que solía acompañar como arzobispo sus horas de reflexión y descanso. Más de una vez declaró su admiración por la orquesta de Juan D'Arienzo y admitió que bailó de joven el tango, aunque también reveló su pasión por la milonga. En sus gustos por el cine admitió más de una vez que conviven fácilmente el neorrealismo italiano con las películas de Tita Merello y Niní Marshall, que disfrutó en distintas épocas.

Durante el período en que Jorge terminó el colegio secundario, su familia dejó la casa de la calle Membrillar y se mudó a la avenida Rivadavia 8888, en Floresta. Si bien su familia no pasaba necesidades, antes de terminar el secundario su padre lo mandó a trabajar. Pasó por una fábrica de medias y por trabajos administrativos, compatibilizados con la jornada escolar, y cuando estaba en cuarto año consiguió empleo en el laboratorio Hickethier-Bachmann. Trabajaba a la mañana y empalmaba luego con el colegio, por lo que salía de su casa antes de las siete de la mañana y llegaba pasadas las ocho de la noche.

Más de una vez, Francisco revalorizó los aprendizajes que recibió en el laboratorio químico, no en cuanto a las cuestiones técnicas, sino humanas. Una de sus jefas fue Esther Ballestrino de Careaga, que militaba en el comunismo, y lo incursionó en la lectura de autores de izquierda. De nacionalidad paraguaya, le enseñó, además, guaraní, que dominó gracias a la influencia de su jefa y no por su posterior ingreso a la Orden Jesuita, caracterizada por las Misiones en la confluencia de la mesopotamia argentina con tierras paraguayas y brasileñas.

Esther de Careaga le mostró cómo era la militancia política. Trabajó con ella durante tres años, hasta 1956, y el destino lo volvió a cruzar con su ex jefa, pero en circunstancias trágicas: tras el secuestro de su hija Ana María y dos yernos, en plena dictadura militar, ella también fue detenida y desaparecida, junto con las monjas francesas Alice Domon y Léonie Duquet, a quienes conoció en la Iglesia de la Santa Cruz, de los padres pasionistas, en el barrio de San Cristóbal. La misma parroquia en la que se infiltró el capitán Alfredo Astiz para señalar a las monjas antes de que desaparecieran. Allí está hoy enterrada su ex jefa Esther de Careaga, una de las fundadoras de las Madres de Plaza de Mayo.

Su hija Ana María había sido finalmente liberada, pero ella mantuvo su prédica en favor de los derechos humanos y eso le costó la vida. Sus restos fueron identificados en 2005, casi treinta años después, al ser hallados en la costa de Santa Teresita, junto con los cadáveres de Azucena Villaflor de De Vincenti y María Ponce de Bianco, también fundadoras de las Madres. Así lo relató otra de sus hijas, Mabel Careaga, al diario *El País*, de Madrid. «Quisimos enterrarlos en el solar de la Iglesia de la Santa Cruz porque era el último territorio libre que había pisado, el lugar donde la secuestraron. Le pedimos permiso a Bergoglio —por entonces arzobispo de Buenos Aires— y él autorizó el entierro». Luis Bianco, hijo de una de las madres fallecidas, también intervino en las gestiones ante el arzobispo y declaró: «Cuando le relaté la lucha de nuestras madres y el paso por la Escuela de Mecánica de la Armada (ESMA), a Bergoglio se le llenaron los ojos de lágrimas». En la ESMA funcionó durante la dictadura militar en la Argentina uno de los principales centros clandestinos de detención, donde terminaron sus días muchos desaparecidos. Respondía principalmente al jefe de la Armada, el ex almirante Emilio Eduardo Massera, condenado a prisión perpetua por la Justicia argentina por crímenes de lesa humanidad, y es el emblema más trágico de la dictadura que encabezó el ex general Jorge Rafael Videla.

La actuación y la posición asumida por la Iglesia durante la dictadura militar es objeto de fuertes reproches, lo que se abordará más adelante. Por ahora, es propicio tener en cuenta una reflexión que Bergoglio dejó escrita en el libro de diálogos con el rabino Skorka: «Cuando critican a uno de los grupos de Madres de Plaza de Mayo, lo primero que hago es pedir que se metan en la piel de esas mujeres. Ellas merecen ser respetadas, acompañadas, porque fue terrible aquello. Resumiendo un poco: en la Iglesia hubo cristianos en los dos bandos, cristianos muertos en la guerrilla, cristianos que ayudaron a salvar gente y cristianos represores que creían que estaban salvando a la Patria. Hubo clérigos con diversos matices; la Conferencia Episcopal hizo gestiones reservadas, y muchas».

TRES

La gran decisión: el ingreso al
Seminario. La enfermedad pulmonar.
El encuentro con Jorge Luis Borges.
El tránsito hacia la Casa de los Jesuitas

TRES

Un aspecto entre «juguetón y severo» mostraba la iglesia de San José de Flores la mañana del 18 de febrero de 1883, cuando el nuevo templo fue inaugurado. Su historia se entrelaza con los tiempos de la organización de la Argentina, en los que las parroquias eran el epicentro de la naciente y ajetreada vida política en el Buenos Aires del siglo XIX. Fiestas populares, como aquella inauguración encabezada con toda la pompa por el gobernador de Buenos Aires, Dardo Rocha, y el arzobispo, monseñor Federico Aneiros, se entremezclan en sus muros con historias personales y signos de profunda riqueza espiritual, que marcaron caminos de vida. Allí recibió Jorge Bergoglio, a los 17 años, el llamado de la vocación sacerdotal, al que respondió con firmeza, luego de una reflexión muy meditada, que lo llevó a poner en práctica su decisión tres años después, cuando entró efectivamente en el seminario.

«Me pasó algo raro, no sé qué fue, pero me cambió la vida; yo diría que me sorprendieron con la guardia baja», fue la explicación que dio Bergoglio en el libro *El jesuita*, al intentar descifrar un misterio que lo sorprendió el 21 de septiembre de 1953, cuando los jóvenes de su edad —y él mismo, con un grupo de amigos— se aprestaban a celebrar el día de la primavera. Contó más de una vez que en esa confesión Dios lo *primereó*, se le anticipó. «Uno lo está buscando, pero Él te busca primero. Uno quiere encontrarlo, pero Él te encuentra primero», reveló una vez, al describir un proceso que se extendió durante tres años.

Un año antes de esa confesión que le cambió la vida participaba ya de la Acción Católica Argentina, una institución formada por laicos que tuvo una fuerte expansión en la Argentina de la década de 1950. Tenía 16 años y junto a unos cien aspirantes adolescentes se juntaban en la misma parroquia San José de Flores y promovían acciones de apostolado en ese barrio de la ciudad de Buenos Aires. Durante cinco años concurrió al grupo y se sumaba a las actividades de formación, pero siempre mantuvo en silencio, *in pectore*, su vocación por la vida sacerdotal. «Lo tenía muy escondido, era una persona muy seria», recordó Eduardo Navarro Pizzurno, uno de sus compañeros en ese tiempo en la institución. El futuro Papa atendía, junto a Eduardo y otros militantes de la Acción Católica, la librería del grupo, que funcionaba los domingos en el atrio de la parroquia.

La reserva acerca de su vocación sacerdotal era profunda y llegaba, incluso, a su hogar. Su madre Regina se enteró de su decisión de ingresar en el Seminario cuando encontró libros de teología en el cuarto de su hijo, que había terminado el secundario con el título de técnico químico.

—Jorge, ¿no decías que querías ser médico?

—Sí, mamá. Pero estoy valorando otras opciones.

—¿Por qué me mentiste?

—No te mentí, mamá. Quiero ser médico, pero más bien médico de almas.

—Primero sacate la carrera, luego ya tendrás tiempo de pensar qué querés hacer.

Su padre ya conocía su decisión. A la madre le costó asimilarlo, a tal punto que nunca lo fue a visitar al seminario diocesano. Solo lo acompañó a Córdoba, con su padre, cuando entró en la Compañía de Jesús.

El papa Francisco sostuvo siempre que la actitud de coraje, junto con la humildad y la oración, son imprescindibles para orar. En un diálogo con el rabino Abraham Skorka, siendo ya arzobispo de Buenos Aires, dijo: «Orar es un acto de libertad. Pero a veces aparece un intento de querer controlar a la oración, que es lo mismo que intentar controlar a Dios». A esa oración se encomendó el joven Bergoglio para pedir al Señor que su madre comprendiera su decisión. A Regina le tomó tiempo, pero finalmente lo acompañó y años después, cuando su hijo fue ordenado sacerdote, le pidió de rodillas la bendición.

Bergoglio ingresó al seminario diocesano Inmaculada Concepción de Villa Devoto a principios de 1956, noticia que alegró a sus abuelos. Adaptado a la comunidad, encontró profesores que lo marcaron, como el sacerdote jesuita Juan Carlos Scannone, uno de los principales exponentes de la teología del pueblo, que dictaba clases de literatura y griego. Pero una epidemia de gripe asiática, en agosto de 1957, le jugó una mala pasada; enfermó gravemente y debió ser internado en el Hospital Sirio Libanés de Villa Pueyrredón. Llegaron a aplicarle dosis de morfina para aliviar los dolores.

La religiosa dominica Cornelia Caraglio, de nacionalidad italiana y superiora de las monjas del hospital, tuvo una intervención decisiva. «Se dio cuenta de la gravedad de mi estado en cuanto me vio: llamó al especialista y me sacaron un litro y medio de agua de la pleura», recordó Bergoglio. La recuperación fue lenta y ya no volvió al seminario de Devoto. Ese período de convalecencia, con lecturas, charlas y reflexiones, le permitió darse cuenta de su verdadera vocación misionera y sus ansias de vivir en comunidad, más que encaminar su vida como «un sacerdote secular aislado». Por eso no regresó al seminario de Villa Devoto.

Su duda era seguir el camino de los dominicos o el de los jesuitas. «Los dominicos me gustaban y tenía amigos entre ellos. Pero el seminario estaba dirigido por los jesuitas y por eso los conocía bien. Tres cosas me habían impresionado de la Compañía: la comunidad, la labor misionera y la disciplina. Sobre todo las dos últimas, aunque al final nunca fui a las misiones y, en más de una ocasión, sería desobediente e indisciplinado; y eso que la disciplina me fascinaba», contó, ya como papa Francisco, en su autobiografía.

Pero las complicaciones de salud no habían terminado. A fines de octubre de ese año difícil, los médicos le detectaron tres quistes en el pulmón, por lo que al mes siguiente fue sometido a una delicada operación para extirparle el lóbulo superior del pulmón derecho, lo que dio paso a otra recuperación dolorosa. «Estás imitando a Jesús», le dijo sor Dolores, que lo asistía. Al salir del hospital, ya tenía la decisión tomada: ingresaría como novicio a la Compañía de Jesús.

Para recuperarse de la afección pulmonar, el sacerdote salesiano Enrico Pozzoli le aconsejó pasar un mes en la Villa Don Bosco, ubicada en las sierras de Tandil, a 350 kilómetros de Buenos Aires, un lugar donde los sacerdotes de la comunidad salesiana solían pasar sus vacaciones y sus días de retiro. El padre Pozzoli había bautizado a Francisco en el santuario salesiano de María Auxiliadora, en el barrio porteño de Almagro. Fue un sostén en su vocación sacerdotal y tuvo una fuerte gravitación en su vida espiritual. Años después, en el prólogo de su libro *Meditaciones para religiosos*, Bergoglio ponderó su «ejemplo de servicio eclesial y consagración religiosa».

En Tandil conoció a Roberto Musante, un sacerdote argentino que hoy encabeza una misión en el barrio Lixiera, de Angola, una villa muy precaria en una región más que necesitada, donde instruye a centenares de chicos pobres. Musante almorzaba y cenaba todos los días con Bergoglio, a quien recuerda como «silencioso y humilde». Dos años mayor que Francisco, el padre Musante volvió a encontrarlo años después y quedó siempre sorprendido por su «cercanía con los curas villeros y los pobres, con quienes el protocolo no existía».

Ese descanso en Tandil no solo le sirvió para curar las heridas físicas. Contribuyó a fortalecer su decisión de ingresar al seminario de los jesuitas. La formación de los sacerdotes del clero estaba confiada a la orden fundada por San Ignacio de Loyola, militar y religioso de origen vasco que en 1536, tras resultar herido en Pamplona, dejó las armas y elaboró un método propio de ejercicios espirituales, y creó una orden religiosa para formar un ejército de «soldados de la Iglesia» para frenar la reforma protestante que avanzaba por Europa en el siglo XVI e iniciar una misión evangelizadora que se extendió por el mundo y por los siglos. El sello de la disciplina militar y la obediencia ciega al Papa no impidió el desarrollo de ideas renovadoras que permitieron revalorizar y poner en contacto con el mundo a muchas comunidades condenadas al atraso y a la extinción.

Como explica el padre Ignacio Pérez del Viso, uno de los sacerdotes jesuitas más reconocidos en la Argentina, cada congregación religiosa aporta algo original a la Iglesia. «Ninguna es mejor que otra», señaló, al recordar el surgimiento de los benedictinos en los comienzos de la Edad Media, que con el lema *ora et labora* enseñaron al mundo cómo construir una civilización fraternal. Varios siglos después, en 1209, impactó el nacimiento de los franciscanos, que aportaron «la riqueza de la pobreza» y ese mismo período alumbró la creación de los dominicos, con el carisma de la predicación.

La Orden Jesuita, tres siglos después, libró el combate lanzado por San Ignacio con la palabra y la educación como sus principales armas. Pobló el mundo de colegios, universidades, seminarios y bibliotecas, creando una revolución cultural, y sembró en distintas regiones, como en América latina, la semilla para sacar de la postración a poblaciones postergadas. «Cuando releo la historia de las Reducciones del Paraguay, de los jesuitas, tengo la impresión de que se inspiraron en el ideal benedictino», escribió Pérez del Viso. El objetivo de la Compañía de Jesús, dijo, no es el combate contra los protestantes sino promover la conversión del mundo y avanzar hacia la unidad de los cristianos. «Los jesuitas no nos sentimos llamados a construir murallas sino a tender puentes, recorremos el mundo para poner el Evangelio al alcance de los otros pueblos y culturas», ejemplificó, al señalar que eso es lo que intentaron los misioneros jesuitas en los siglos XVII y XVIII. Decía Bergoglio, cuando decidió ingresar al seminario, que marchaba guiado por las manos y las miradas de los padres jesuitas. Ingresó, finalmente, el 11 de marzo de 1958 al noviciado de la Compañía de Jesús, en una fecha que no es fruto del azar. Fieles a una tradición, los padres jesuitas eligen para la incorporación de sus aspirantes la víspera de una conmemoración significativa para la orden religiosa. Es el día anterior al 12 de marzo, fecha en que se celebra la canonización de cinco santos memorables en la historia de la Iglesia: San Ignacio de Loyola, San Francisco Javier (también jesuita y compañero del fundador), Teresa de Jesús, Isidro Labrador y Felipe Neri. Todos fueron canonizados el mismo día, en 1622, por el papa Gregorio XV, que en solo dos años de pontificado dejó huellas importantes en la Iglesia, como las normas que fijaron el carácter secreto del cónclave para elegir al Papa, con el propósito de evitar la injerencia de las grandes potencias.

Bergoglio realizó los dos años de noviciado en una de las sedes de los jesuitas en Córdoba, en la calle Buchardo, al lado de la parroquia Sagrada Familia, ubicada en ese tiempo en el Barrio Inglés, conocido hoy como Barrio Pueyrredón. Al terminar la preparación, el 12 de marzo de 1960 realizó los votos perpetuos de pobreza, castidad y obediencia y fue enviado a Chile para cursar el llamado Juniorado, que comprende la formación en humanidades clásicas en el Seminario Jesuita.

Conservaba, a la distancia, los lazos con su familia, pese a la resistencia inicial de su madre a aceptar el llamado a la vida sacerdotal de su hijo.

Dos meses después de llegar a Chile le escribió una carta a su hermana María Elena, en la que puso de manifiesto, a los 23 años, su decidida vocación por el servicio a los pobres. La carta, fechada el 5 de mayo de 1960, comienza con una dosis de humor, en respuesta a una misiva anterior que le había remitido su hermana menor, que en ese tiempo tenía 12 años. «En solo 18 líneas me dices 11 cosas: muy bien por la síntesis», le dice. Y agrega: «Me alegro por tus estudios. Aprovechá a estudiar ahora todo lo que puedas porque después falta tiempo para todo. Pero lo que tienes que cuidar más es tu formación espiritual. Yo quisiera que fueras una santita. ¿Por qué no hacés la prueba? Hacen falta tantos santos, te voy a contar algo...»

Y relata, a continuación, una asombrosa lección de humanidad, con la que revela la claridad de su pensamiento y de misión, en su tercer año de seminarista:

Yo doy clases de religión en una escuela a chicos de tercero y cuarto grado.
Los chicos y chicas son muy pobres. Algunos hasta vienen descalzos al colegio. Muchas veces no tienen qué comer y en invierno sienten el frío en toda su crudeza. Tú no sabes lo que es eso, pues nunca te faltó comida. Cuando te sientas a la mesa, muchos no tienen más que un pedazo de pan para comer. Y cuando llueve y hace frío muchos están viviendo en cuevas de lata y a veces no tienen con qué cubrirse.
Los otros días me decía una viejita: «Padrecito, si yo pudiera conseguir una frazada, qué bien me vendría, padrecito, porque de noche siento tanto frío...» Y lo peor de todo es que no conocen a Jesús. No lo conocen porque no hay quiénes se lo enseñen. ¿Comprendes por qué te digo que hacen falta santos? Quisiera que me ayudaras en mi apostolado con estos niños. Tú bien puedes hacerlo. ¿Qué te parece si te propones rezar todos los días el rosario? Necesito que mi campo de apostolado fructifique. De tu propósito depende que un niño sea feliz.

Su hermana María Elena, emocionada, no temió dar a conocer este valioso texto por televisión. «Yo era una criatura y él un adolescente. Pero siempre fue un hermano muy compañero y muy presente, más allá de la distancia física», explicó. Definió a Jorge Mario como «tremendamente tímido, pero muy afectivo y cariñoso». Y recordó que «cuando estaba en el Seminario, no se olvidaba nunca de hacer una llamada».

Al año siguiente, el joven seminarista volvió a la Argentina y completó los estudios de filosofía en el Colegio Máximo de San Miguel. Allí funciona, en un predio de 32 hectáreas, la Facultad de Filosofía y Teología de los padres jesuitas y el nombre de Colegio Máximo se debe a que se trata de un establecimiento que imparte los «más altos estudios» de la comunidad jesuita del lugar. Había sido construido en los años 30, luego de descartar otros emplazamientos posibles, como Rosario, Mendoza, La Plata, Morón, Ramos Mejía, Florencio Varela y Martínez, entre otras ciudades alternativas.

Los estudios son rigurosos. Francisco no le temió al esfuerzo. Los exámenes se daban en latín y hasta en los recreos los seminaristas debían hablar entre ellos en esa lengua. «La dinámica de las clases era escolástica. Se formaban círculos de reflexión, debates y disputas, y Bergoglio se destacaba plenamente», recordó el sacerdote jesuita Ignacio García-Mata, en un aula del Colegio del Salvador de la ciudad de Buenos Aires. Ambos compartieron clases en el llamado Cíclico, un tramo de ese período del Seminario, en el que los alumnos de segundo y tercer año de Filosofía se instruían en teodicea, cosmología, psicología racional y ética, entre otras disciplinas. Era un ámbito en el que el conocimiento circulaba, no se impartía en forma enciclopédica. La premisa era que la enseñanza debía ser cíclica, pues debía basarse en el desarrollo gradual de la inteligencia y de la misma naturaleza. Según la concepción que sustentaba el método cíclico, el ejemplo, la disciplina y la enseñanza constituyen tres medios para influir en la formación de la voluntad.

Allí Francisco permaneció hasta 1963, año en que fue enviado al Colegio Inmaculada Concepción de Santa Fe, uno de los colegios más antiguos que siguen en pie en la Argentina. Los jesuitas lo fundaron a comienzos del siglo XVII, en la antigua ciudad de Cayastá, en el viejo emplazamiento de la ciudad de Santa Fe, en la que se produjo un acontecimiento que aún hoy sorprende. De un cuadro de la imagen de la Virgen de la Inmaculada Concepción, pintado por un hermano jesuita, comenzó a brotar agua, como una fuente inagotable, lo que fue considerado un hecho milagroso. Más allá de eso, la ciudad fue afectada por graves inundaciones y amenazas de grupos aborígenes, por lo que debió ser relocalizada más al sur. El colegio se cerró tras la expulsión de los jesuitas, en 1767, y reabrió, luego, en 1862.

Bergoglio fue enviado allí como docente. La formación de los jesuitas comprende la interrupción parcial de los estudios para poder dedicarse un tiempo a la enseñanza. «Es una manera de probar a los aspirantes al sacerdocio, ver si tienen uñas de guitarrero», explicó un jesuita que conoce muy bien el funcionamiento de la orden. El futuro papa se desempeñó allí como prefecto de división y de disciplina y enseñaba materias, como literatura, arte y psicología, entre otras disciplinas. Severo y respetado, sus alumnos lo apodaban «Carucha». Pero lo que más recuerdan eran la intensa preparación de las clases y la creatividad para convertir en muy interesante una materia que a muchos estudiantes del secundario les cuesta. Llevaba a las clases, por ejemplo, a escritores ya consagrados, como Jorge Luis Borges, la máxima figura de la literatura argentina de todos los tiempos.

Varios testimonios de sus ex alumnos reflotaron esa experiencia docente del Papa. «Era muy exigente. Y nos abrió a muchos un abanico de posibilidades porque hizo un esfuerzo tremendo para despertar vocaciones en los alumnos», dijo José María Candioti, hoy abogado, al recordar que Bergoglio llevó a las aulas del colegio santafecino a figuras como Jorge Luis Borges, María Esther Vázquez y María Esther de Miguel, entre otros narradores ya consagrados. Incluso, tuvo la idea de organizar un concurso de cuentos, para estimular a sus alumnos. Así, fueron seleccionados ocho textos, que fueron publicados con el título *Cuentos Originales*, con el prólogo escrito por Borges y publicado por la editorial local Castellví.

«Es verosímil que alguno de los ocho escritores que aquí se inician llegue a la fama, y entonces los bibliófilos buscarán este breve volumen en busca de tal o cual firma que no me atrevo a profetizar», escribió Borges en el prólogo del libro, que fue presentado en el colegio, como parte de la muestra anual de la Academia de Literatura Santa Teresa de Jesús. Lo que no pudo profetizar el más célebre escritor argentino es que quien pasaría a la historia sería el docente y seminarista que impulsó a los jóvenes a derribar los temores y escribir.

Bergoglio le escribió también una carta al director de *El Diario*, de la vecina ciudad entrerriana de Paraná, Arturo Etchevehere, para pedirle la difusión de la presentación del libro. «Nuestro deseo es hacer destacar los aciertos y valores de esta obra, que se ha constituido en un bestseller en Santa Fe [...]. Sería para nosotros una satisfacción si Ud. se dignara publicarla por intermedio de su distinguido diario y un honor, no exento de gratitud, si se diera a conocer en la ciudad de Paraná por intermedio del mismo». Así lo recordó el diario santafecino *El Litoral*.

En agosto de 2010, varios ex alumnos de «Carucha» viajaron con sus familias a Buenos Aires y participaron de una misa que ofició el ya cardenal Bergoglio, para rezar por ellos y por quienes ya no estaban. «Recordó por sus nombres a los 12 compañeros fallecidos sin olvidarse de ninguno», contó Candioti.

Concluida su etapa en Santa Fe, volvió a Buenos Aires y completó su formación en teología en el Colegio Máximo de San Miguel. En 1970, ya ordenado sacerdote, viajó a España, donde permaneció ocho meses para la tercera y última etapa de su formación religiosa: la probación (las anteriores habían sido el noviciado y el estudio académico, que incluía la etapa del magisterio). Se trata de un período en el que se intenta recuperar el fervor apostólico, después de varios años de estudios. «Muchas veces el entusiasmo con el que un joven ingresa en el seminario se va diluyendo a medida que avanza en los estudios. Por eso los jesuitas tienen incorporada esta instancia para restablecer esa dinámica tal vez perdida», explicó un sacerdote de la orden.

La ordenación sacerdotal de Bergoglio tuvo lugar en diciembre de 1969 en el Colegio Máximo, en una ceremonia presidida por el arzobispo emérito de Córdoba, monseñor Ramón José Castellano. La primera misión que le encomendaron como sacerdote jesuita fue como maestro de novicios, en Córdoba. En poco tiempo, se destacó por su capacidad, especialmente en la tarea de formación de los sacerdotes.

Los superiores comenzaron a mirarlo con atención. En 1973, con solo 36 años, fue elegido superior provincial de la Compañía de Jesús, en un momento de tensiones políticas en la Argentina y de profundas dificultades, incluso, en el seno de la orden religiosa de San Ignacio de Loyola, por las derivaciones de las reformas del Concilio Vaticano II, que llevaron el propósito de renovar el mensaje de la Iglesia a posiciones extremas y sensibilizaron el escenario en el que se planteaban los debates y las reivindicaciones ideológicas en América latina. Todo ello, en medio de proyecciones en el campo político que se extienden hasta el día de hoy.

El padre Bergoglio reemplazó como prepósito provincial al jesuita Ricardo J. O'Farrell, poco antes de una trascendente congregación general de la Orden Jesuita (la número 32, realizada en diciembre de 1974), en la que se dieron pasos en favor de una marcada apuesta por lo social, en la línea de la «opción preferencial por los pobres» que la Iglesia latinoamericana había proclamado seis años antes en la asamblea de obispos de la región celebrada en Medellín. Los jesuitas se pronunciaron en favor de la defensa de la fe y la promoción de la justicia y llamaron a renovar los métodos apostólicos. Afirmaron que la Compañía de Jesús «no puede responder a las graves urgencias del apostolado de nuestro tiempo si no modifica su práctica de la pobreza» y señalaron que «los compañeros de Jesús no podrán oír el clamor de los pobres si no adquieren una experiencia personal más directa de las miserias y estrecheces de los pobres».

En ese contexto, el sacerdote argentino se enfrentó con un escenario de tensión y procuró que esa apertura hacia la comprensión de los problemas sociales y la promoción de la Justicia no descarrilara hacia posiciones extremas, no contempladas en el Concilio Vaticano II.

Su gestión se prolongó durante seis años, hasta 1979, y llevó adelante el delicado proceso de adaptación a los criterios fijados por la Orden. Eran tiempos difíciles. Con varios países de la región con gobiernos surgidos tras un quiebre del orden constitucional, Bergoglio tenía el desafío de mantener apaciguado al rebaño, en momentos en que no solo las ovejas, sino los pastores, quedaban envueltos en la incertidumbre.

CUATRO

Guiar el rebaño de los jesuitas:
su primera experiencia de gobierno.
La Universidad del Salvador.
La dictadura militar

Ni el fundador, San Ignacio de Loyola, ni la Compañía de Jesús, usaban la palabra «jesuita» para definir a los sacerdotes y religiosos que desplegaban su misión pastoral y espiritual en la orden. Tampoco apareció el término en las constituciones y documentos oficiales durante más de cuatrocientos años. Solo en 1975, durante la 32ª Congregación General se utilizó oficialmente por primera vez la palabra «jesuita», que hasta entonces era considerada una denominación despectiva, surgida en Austria y Alemania en el siglo XVI. «Nosotros seguimos llevando adelante los trabajos de nuestro instituto, no obstante la envidia y las injurias de algunos que incluso nos llaman jesuitas», escribió en 1545 San Pedro Canisio, sacerdote de la Compañía, en una carta dirigida al beato Pedro Fabro, fiel reflejo de los celos y rivalidades que suscitaba el crecimiento de la orden religiosa misionera, tal vez por la lucidez intelectual y la entrega apostólica de sus miembros, a quienes se los llama «soldados de Dios».

El tiempo revalorizó, sin embargo, el término *jesuita* y, finalmente, se adoptó su uso con sentido positivo, para definir a los 18.000 misioneros, educadores, teólogos, hombres de ciencia y de espiritualidad que hoy conforman el ejército de la Compañía de Jesús. Soldados de Dios, como los definió la historia.

«¿Qué significa ser jesuita? Reconocer que uno es pecador y, sin embargo, llamado a ser compañero de Jesús, como lo fue San Ignacio», se escribió oficialmente en aquella 32ª Congregación General, en respuesta a las demandas que pedían una descripción de la identidad de los padres y hermanos que realizan «en compañía» su misión en el mundo moderno. En ese tiempo y en un contexto complejo, por el impacto que produjo en la orden la consolidación de interpretaciones extremas que adoptaron como un credo exclusivo el compromiso social y político de la Iglesia, el padre Jorge Bergoglio asumió la conducción de la provincia jesuítica rioplatense, que se extiende por la Argentina y Uruguay. Un territorio de casi tres millones de kilómetros cuadrados, que hoy reúne una población cercana a 49 millones de personas. Tenía 36 años y debía manejar un plantel heterogéneo, con realidades pastorales encontradas.

Hoy los jesuitas se extienden por 127 países. La mayor presencia se da en el sur de Asia, donde misionan más de 4000 discípulos de San Ignacio, a quien el papa Pío XI declaró en 1922 patrono de los ejercicios espirituales. Luego siguen Estados Unidos, con 2600 religiosos; el sur de Europa (2100), Europa occidental (1700), Europa central y oriental (1700), el resto de Asia y el Pacífico (1700), África (1400), América latina (1300) y el resto de América del norte (1200).

Además de los votos de obediencia, pobreza y castidad, propios de cualquier religioso, los jesuitas se preparan para ser enviados «con la mayor celeridad allí donde fueran requeridos por la misión de la Iglesia y donde el Papa los necesite». Ese es el sentido del llamado «cuarto voto», que implica la obediencia al Santo Padre y la obligación de cumplir las misiones específicas que este les encomiende. Así como en 1974, el papa Pablo VI los envió a «hacer frente a las múltiples formas del ateísmo contemporáneo», en la Congregación General de la Compañía, celebrada en 2008, Benedicto XVI les pidió a los jesuitas «seguir trabajando en las fronteras de nuestro mundo». Ello está en sintonía con la prédica de Francisco, su sucesor, que durante buena parte de los quince años en que condujo la arquidiócesis de Buenos Aires, insistió en que los sacerdotes se ocuparan de la «periferia», no en sentido geográfico, sino en la concepción que lleva a atender a los excluidos, a quienes hoy el mundo concibe como «sobrantes».

La función de superior provincial le fue confiada por seis años a Bergoglio por el prepósito general de la orden, padre Pedro Arrupe, que entrevió sus cualidades humanas e intelectuales y comprobó la lucidez de su mente joven y fresca. Ya entonces, un sacerdote jesuita había descubierto que detrás de su timidez se encontraba un hombre muy despierto, atento a las profundas necesidades del hombre contemporáneo y con una inteligencia que sobresalía. «Cuando vos vas de ida, él ya fue y volvió», fue en ese tiempo el comentario de un colega que llegó a los superiores de la Orden.

En 1973, Bergoglio y otros cinco sacerdotes jesuitas decidieron hacer un retiro para prepararse porque la comunidad jesuita debía elegir un superior provincial. Partieron, así, a La Rioja, para que el obispo local dirigiera las meditaciones. Llegaron en un momento de tensión, porque en esos días monseñor Enrique Angelelli, el obispo de La Rioja, había sido echado a pedradas de una parroquia en la ciudad de Anillaco, dominada por la influencia de empresarios y terratenientes de esa provincia, molestos por la pastoral de la Iglesia riojana.

«Por primera vez llegué a La Rioja un día histórico, el 13 de junio de 1973, el día de la pedrada de Anillaco. Veníamos cinco consultores de la provincia con el Provincial para tener varios días de retiro y reflexión, a fin de elegir al nuevo provincial. El 14 de junio, después de esa pedrada al obispo, a los sacerdotes, a las religiosas, a los agentes de pastoral, monseñor Angelelli nos dio el retiro espiritual, a nosotros, al provincial y a los cinco jesuitas y nos introdujo en el discernimiento del Espíritu para ver cuál era la voluntad de Dios. Fueron días inolvidables, días en que recibimos la sabiduría de un pastor que dialogaba con su pueblo y recibimos también las confidencias de las pedradas que recibía ese pueblo y ese pastor, simplemente por seguir el Evangelio. Me encontré con una Iglesia perseguida, entera, pueblo y pastor», relató Bergoglio, años después, en una misa celebrada para recordar al mártir riojano, a quien el papa Francisco reivindicó en su pontificado, cuando lo proclamó beato, en abril de 2019.

Tras la visita a La Rioja, Arrupe designó superior provincial al joven jesuita Bergoglio tras el alejamiento del padre Ricardo J. O'Farrell, quien consideró apropiado que un nuevo provincial se hiciera cargo de la aplicación de los criterios que quedarían marcados en la 32ª Congregación General, donde se vislumbraba un acentuamiento de los postulados más progresistas, en un tiempo convulsionado por las interpretaciones y relecturas de la apertura promovida por el Concilio Vaticano II.

La Congregación General es el órgano supremo de gobierno en la comunidad jesuítica y tiene carácter legislativo: fija las líneas por las que debe transitar el superior general de la orden. Se convoca cuando se produce una vacante y se debe elegir un nuevo superior, o para tratar asuntos de relevancia que exigen un debate a fondo con la presencia de representantes de la orden religiosa.

Las nuevas orientaciones del Concilio Vaticano II, con los signos de renovación que proyectaron sobre la vida de la Iglesia, repercutieron en la siguiente Congregación General de los Jesuitas, que fijaron líneas de acción a las que debieron ajustarse los superiores provinciales de la Orden de San Ignacio, entre ellos el padre Bergoglio. Así, mientras América latina era sacudida en los comienzos de los años 70 por una nueva realidad política y social, los padres jesuitas declararon que «todavía había dos tercios de la humanidad a los que no ha sido anunciada la salvación de Dios en Jesucristo, de forma que se obtenga una respuesta de fe». Se advertía que «en las sociedades tradicionalmente cristianas un secularismo dominante está cerrando las mentes y los corazones de los hombres a la dimensión divina de toda realidad y haciéndolos ciegos al hecho de que, si bien es verdad que todas las cosas sobre la faz de la tierra han sido creadas para el bien del hombre, lo han sido para que el hombre pueda alcanzar el fin para el que fue creado: la alabanza, la reverencia y el servicio de Dios». Mencionaban, además, «graves injusticias» que dominaban el mundo de ese tiempo.

En esa línea, el famoso decreto 4 de la Congregación General fijó la misión de apostar prioritariamente a «la defensa de la fe y la promoción de la justicia». Una vuelta de tuerca a la «opción preferencial por los pobres» definida por los obispos latinoamericanos reunidos en Medellín en 1968. En la visión del papa Francisco, la opción por los pobres se vincula más al acompañamiento de la religiosidad popular que a cuestiones ideológicas, como podían sostener los defensores de la teología de la liberación, la corriente que se expandió en esos años por América latina.

Frente a este escenario, Bergoglio dio sus primeros pasos. Al mismo tiempo que superior provincial de la Orden, fue nombrado rector de las Facultades de Filosofía y Teología. Y en ese período, con la aprobación del obispo de San Miguel se creó la parroquia del Patriarca San José, confiada a la Compañía de Jesús, y Bergoglio fue su primer párroco.

Más allá de orientar el rumbo de la comunidad jesuítica para no desvirtuar los lineamientos que la Iglesia había fijado en el Concilio Vaticano II, le correspondió ordenar algunas cuentas de la provincia jesuítica argentina. Una de ellas fue rescatar a la Universidad del Salvador del destino que le deparaba un futuro sombrío, a partir del endeudamiento en que había caído por una floja administración. Creada por los padres jesuitas en 1958, la Universidad del Salvador fue una de las primeras universidades privadas surgidas en la Argentina, en los tiempos en que se suscitó un intenso debate político, durante la presidencia de Arturo Frondizi, acerca de los partidarios de la enseñanza privada, que apoyados en la Iglesia exigían el reconocimiento del principio constitucional de la libertad de enseñanza, y de la enseñanza estatal, que reunió a sectores opuestos al pensamiento católico y se oponían al avance de la Iglesia en el terreno de la educación. El debate concluyó con el reconocimiento oficial a las universidades privadas, entre las cuales se contaba la del Salvador.

Casi veinte años después, las finanzas y la orientación que había tomado la casa de estudios jesuita preocupaban al superior provincial de la orden, que resolvió desligar a la universidad de la Compañía de Jesús, confiando su conducción a una asociación civil dirigida por laicos. La decisión encontró críticas y resistencias en los propios sectores católicos. Con el propósito de sanearla y redefinir sus objetivos, el padre Bergoglio avanzó, así, hacia una «refundación» de la Universidad del Salvador, con el propósito de clarificar su identidad, espiritualidad y misión, para reconvertirla en una universidad «fundada en la fe, crítica e innovadora». Su fundamento fue volver a la fuerza inspiradora y constructora de los pioneros de este proyecto, a la mística fundacional. A través del documento que llamó «Historia y cambio», en agosto de 1974, el superior provincial de la Orden fijó tres principios rectores para la universidad que había nacido bajo el ideario jesuita: la lucha contra el ateísmo, el avance mediante el retorno a las fuentes y el universalismo a través de las diferencias. También desligó de la Orden Jesuita a la Universidad Católica de Salta.

Años después, en sus tiempos de arzobispo de Buenos Aires, Bergoglio fue muy claro respecto de la misión de las universidades y cuestionó a las instituciones educativas católicas que hablan de la «rentabilidad per cápita de una universidad privada», y llaman «cliente» al alumno. «Todo parece reducirse a una transacción mercantil, cuando no a una expresión más del seductor hambre de consumo de nuestra cultura actual», advirtió el papa Francisco.

«Entregó la universidad sin deudas y les prohibió a los jesuitas que se vincularan con ella, para evitar injerencias y malos entendidos», comentó un sacerdote de la Orden que vivió de cerca ese proceso. Las únicas excepciones fueron los padres Ismael Quiles, filósofo brillante y uno de los intelectuales más lúcidos en la Argentina, que siguió vinculado a la Universidad del Salvador hasta su muerte, en 1993, y Víctor Marangoni, que actuó en el área de la formación teológica.

La cesión de la universidad a una asociación civil vinculada con el dirigente peronista Alejandro Álvarez, apodado «el Gallego», dio sustento a la versión que ubica a Bergoglio como simpatizante o integrante de la agrupación peronista Guardia de Hierro, constituida durante el período de exilio de Juan Domingo Perón. La organización, encuadrada en la derecha peronista, estaba enfrentada en una dura interna partidaria con la Tendencia y los Montoneros. Quedó diluida como agrupación política tras la muerte del ex presidente y líder justicialista, en 1974, aunque sus dirigentes siguieron teniendo actuación. Es difícil encontrar constancias que acrediten un efectivo acercamiento del superior jesuita a esta organización peronista, más allá de los vínculos de algunos dirigentes que militaban en esa corriente con la asociación civil que tomó la conducción de la universidad. «Él era sacerdote. Nos veía, confesaba a algunos, pero no era un cuadro ni un militante», afirmó el dirigente peronista Julio Bárbaro, al recordar ese acercamiento antes de la existencia de Montoneros.

Entre las medidas de reordenamiento económico y administrativo de la Compañía de Jesús, para corregir secuelas de una mala administración, el padre Bergoglio dispuso la venta de dos manzanas que la Orden Jesuita poseía en la zona céntrica de Córdoba y le dio impulso, en cambio, a la formación de los seminaristas, con la construcción del Noviciado San Ignacio de Loyola. Concentró buena parte del período de estudios en el Colegio Máximo, de San Miguel, e hizo levantar en Villa de Mayo, cerca de allí, el Juniorado, para completar la preparación en filosofía, la misma instancia que él había tenido que ir a estudiar a Chile. Bregó por el crecimiento de las vocaciones religiosas y llegó a tener 30 jóvenes en el noviciado, lo que fue considerado un logro.

El nuevo provincial desalentó la constitución de comunidades pequeñas, que habían florecido en ese tiempo entre los jesuitas, y envió a los sacerdotes a las instituciones madres ya establecidas, como el Colegio del Salvador (Callao 542). Como superior provincial, mantuvo al comienzo su residencia en Bogotá 327, en el barrio de Caballito, y dos años más tarde la trasladó al Colegio Máximo, de San Miguel.

Al desactivar las comunidades que reunían en forma particular a algunos sacerdotes suprimió, por ejemplo, la casa de la calle Rondeau, donde estaban asentados los sacerdotes Francisco Jalics, Orlando Yorio, Enrique Rastellini, Luis Dourrón y Luis Gerónimo Casalotto, entre otros, a quienes les asignó otros destinos. Jalics y Yorio consiguieron, sin embargo, que el superior Bergoglio les permitiera trabajar en la villa de emergencia de Flores. Ambos fueron secuestrados por fuerzas de la Marina el 24 de mayo de 1976 —dos meses después del golpe militar que derribó al gobierno de María Estela Martínez de Perón— y torturados en el centro de detención clandestina de la Escuela

Superior de Mecánica de la Armada (ESMA), acusados de complicidad y contactos con organizaciones guerrilleras. Fueron liberados luego de permanecer cinco meses detenidos, mientras otros catequistas no recuperaron más su libertad.

Años después, Yorio responsabilizó al superior jesuita por haberles quitado cobertura y dejarlos expuestos a la represión de los militares, lo que fue negado por Bergoglio, quien brindó testimonio dos veces ante la Justicia, en una causa en la que se condenó a represores de la ESMA. Las acusaciones fueron reactivadas luego por sectores vinculados con organizaciones de derechos humanos, en ocasión de los dos cónclaves en los que participó el cardenal argentino, con la intención de dañar su imagen. Las acusaciones habían sido motorizadas por el periodista Horacio Verbitsky, presidente del Centro de Estudios Legales y Sociales (CELS), a quien se le atribuye haber participado del envío de una cadena de mails a los cardenales que intervinieron en el cónclave en abril de 2005, en el que fue elegido el papa Benedicto XVI, denunciando la supuesta complicidad del arzobispo argentino con la dictadura militar, como lo reflejó en un libro de su autoría, titulado *El silencio*. Tomó como base las acusaciones de Yorio, fallecido en el año 2000, quien declaró que el superior provincial les pidió que dejaran su actividad en el barrio de emergencia y, ante la negativa de ellos, habría comunicado a los militares que los sacerdotes no contaban con su protección.

Varios dirigentes de organizaciones de derechos humanos, entre ellos Adolfo Pérez Esquivel, presidente del Servicio de Paz y Justicia (Serpaj) y Premio Nobel de la Paz, rechazaron las acusaciones y ratificaron que Bergoglio «no tiene ninguna vinculación ni complicidad con la dictadura militar».

La Justicia no encontró pruebas, pese a que le tomó declaración dos veces al arzobispo de Buenos Aires, en una causa por los tormentos y muertes que padecieron los secuestrados derivados a la ESMA y en otra abierta por los robos de bebés durante la dictadura de Jorge Rafael Videla. En el primer juicio, Bergoglio dijo a los jueces del Tribunal Oral Federal N° 5 que luego de la liberación de los padres Yorio y Jalics procuró «asegurar su integridad física» y acordó con ellos que abandonaran el país. Bergoglio relató que se reunió dos veces con Videla y Massera, que conducía la Armada, para pedir por ambos sacerdotes. En la primera reunión, el ex jefe militar prometió averiguar sobre las desapariciones y dijo que creía que los tenía la Marina. En otro encuentro, reemplazó a un sacerdote que debía oficiar una misa en la quinta presidencial de Olivos para insistir con el reclamo. Con Massera, dijo el Papa, el encuentro fue muy tenso. Recordó, además, que el Episcopado denunció en esos años desapariciones ante la Junta Militar y que el escritor Juan Gelman fue a verlo para que averiguara sobre el paradero de su nieta.

El tema volvió a ocupar la primera plana de los diarios luego de la elección del papa Francisco, en otro intento atribuido esta vez a empañar la explosión de júbilo y entusiasmo que suscitó en todo el mundo la asunción del pontífice jesuita. El respaldo más explícito a Bergoglio lo formuló el propio Pérez Esquivel, que lo fue a visitar al Vaticano. «Francisco no tuvo nada que ver con la dictadura y no fue cómplice. Tal vez prefirió ejercer una diplomacia silenciosa para pedir por los detenidos y desaparecidos», advirtió el dirigente, reconocido en todo el mundo por su prédica a favor de la defensa de los derechos humanos, al recibir a periodistas de todo el mundo en la terraza de la sede del Servicio Paz y Justicia (Serpaj) en Roma. Afirmó, además, que las denuncias de Verbitsky contienen errores y recordó que en aquel violento escenario de los años 70 Bergoglio no era obispo, por lo que su influencia era relativa.

La propia Santa Sede, a través del vocero de la Oficina de Prensa, padre Federico Lombardi, denunció una «campaña de calumnias lanzada por una izquierda anticlerical para atacar a la Iglesia, que deben ser rechazadas con decisión». El gobierno argentino dejó solos a los denunciantes y no se sumó a las acusaciones. La presidenta de las Madres de Plaza de Mayo, Hebe de

Bonafini, se retractó de las críticas iniciales que formuló al papa Francisco y lo elogió por su trabajo con los pobres, que ella misma admitió que desconocía. También respondió a las acusaciones el ex fiscal Julio Strassera, que tuvo a su cargo las imputaciones a los militares en el histórico juicio a las Juntas, que durante el gobierno de Raúl Alfonsín condenó a prisión perpetua a los jefes de la dictadura. Afirmó que las acusaciones contra el Papa eran «una canallada».

Entre tantas reacciones, fueron ilustrativas las explicaciones del juez Germán Castelli, quien abordó las denuncias a partir de la investigación judicial y llegó a la conclusión de que las imputaciones son falsas. «No es un cruce de opiniones. No da para la controversia. Ya hay un fallo judicial», le dijo el magistrado al periodista del diario *La Nación* Hernán Cappiello. Explicó que luego de evaluar las evidencias y escuchar las versiones «entendimos que su actuación no tuvo implicancias jurídicas en estos casos. Si no, lo hubiésemos denunciado». El juez, que indagó a Bergoglio en el arzobispado porteño y habilitó a los querellantes a que lo interrogaran sin limitaciones, condenó en diciembre de 2011 al almirante Oscar Montes, que cumplía altas funciones en la ESMA, por el secuestro de Yorio y Jalics.

La polémica fue cerrada por el propio sacerdote jesuita Jalics, cuando vivía, a los 85 años, en la ciudad alemana de Wilhelmsthal, en la Alta Franconia. «Bergoglio no nos denunció a Yorio y a mí. Es un error afirmar que nuestra captura ocurrió por iniciativa del padre Bergoglio», señaló. Explicó que varios años después de aquel hecho se reunió con el Papa. «Celebramos una misa juntos y nos abrazamos. Me reconcilié con todo lo ocurrido y doy los hechos por cerrados», aclaró el sacerdote jesuita, fallecido el 13 de febrero de 2021.

Distintas voces eclesiásticas, como el padre Roberto Musante, han desligado al Papa de la actuación de otros obispos durante la dictadura militar. «Él ayudó a mucha gente perseguida», contó el sacerdote que misiona en Angola. En una ocasión le facilitó a un sacerdote su propia cédula de identidad para que evadiera un control en la frontera y escapara al exterior. En La Rioja, el ex sacerdote Délfor Brizuela, que había sido párroco en Chamical, dijo que en esos años Francisco ayudó a proteger a tres seminaristas que eran perseguidos por grupos paramilitares, al darles albergue en el Colegio Máximo de San Miguel. Los curas trabajaban con el recordado obispo Enrique Angelelli, asesinado el 4 de agosto de 1976, al ser atacado su auto en la ruta, como determinó la Justicia.

En un diálogo con el rabino Abraham Skorka, en el libro *Sobre el cielo y la tierra*, el purpurado argentino se refirió al papel que cumplieron los obispos y sacerdotes en la cruenta década del 70. «La Iglesia privilegió, de entrada, realizar gestiones antes que declaraciones públicas. Hubo obispos que se dieron cuenta enseguida de lo que pasaba. El caso más típico fue el de monseñor Vicente Zazpe, que supo que al intendente de Santa Fe lo torturaron salvajemente y se movió con rapidez. Otros, que también se dieron cuenta enseguida y lucharon, fueron hombres muy meritorios, como Miguel Hesayne, Jorge Novak, Jaime de Nevares. También hubo metodistas, como Aldo Etchegoyen. Hubo gente que trabajó en todo en los derechos humanos, que hablaban pero también hacían. Hubo otros que hicieron mucho, que no hablaban tanto pero salvaban personas [...] ¿Qué hizo la Iglesia en esos años? Hizo lo que hace un organismo que tiene santos y pecadores».

Más allá de las responsabilidades, no hay que olvidar, sin embargo, que el 8 de mayo de 1981, en plena dictadura militar, el Episcopado argentino publicó el documento «Iglesia y comunidad nacional», en el que pedía el restablecimiento de los poderes constitucionales y señalaba que no podía haber democracia sin partidos políticos.

La gestión del padre Bergoglio como superior provincial de la Orden Jesuita concluyó en 1979, cuando fue reemplazado por el sacerdote Andrés Swinnen, y él pasó a ser rector del Colegio Máximo, en San Miguel. Los novicios lo veían exigente, pero se perfilaba ya como un modelo de sacerdote por su entrega y dedicación pastoral. «Es un hombre bondadoso, de carácter firme y siempre dispuesto a escuchar», lo describió un sacerdote de la comunidad que compartió horas con él en esa institución. «Es un cura popular y carismático y tiene una vocación muy clara», completó.

Durante su permanencia en el Colegio Máximo organizó la catequesis y fundó cuatro iglesias y tres comedores infantiles. Fue el primer párroco de la iglesia Patriarca San José, en San Miguel, donde desarrolló una activa iniciativa pastoral. Fortaleció sus vínculos con los novicios y tuvo su primera experiencia con la comunidad de la diócesis. Con más tiempo, tal vez, para la reflexión, escribió allí dos libros de espiritualidad con su propio estilo: *Meditaciones para religiosos* y *Reflexiones sobre la vida apostólica*.

En 1986, el nuevo superior provincial, el padre Víctor Zorzin, lo envió a Alemania para que preparara su doctorado en teología, con una tesis que dedicó al estudio de la obra de Romano Guardini. Hizo para ello cursos de alemán, primero en el Instituto Goethe y luego en Europa. Volvió a la Argentina para dictar clases de pastoral en el Colegio del Salvador y en el Colegio Máximo. Además, trajo una «estampita» bajo el brazo: una imagen de la Virgen Desatanudos y promovió su devoción, que alcanzó años después importantes expresiones de fe popular. La clásica imagen de María rodeada de ángeles, con una cinta llena de nudos, que identifican los problemas que se genera la propia humanidad, y otra liberada de esas ataduras, recorrió distintos puntos de la ciudad y se afincó en la parroquia San José del Talar, en el barrio porteño de Agronomía, donde se ha convertido en centro de auténticas devociones populares.

Al cura que había sido superior provincial y rector del Colegio Máximo le esperaba ahora un nuevo destino en la comunidad jesuítica: Córdoba, la capital de la Compañía de Jesús, donde se desempeñó como director espiritual y confesor de la principal iglesia jesuita. Volvió a respirar el aire mediterráneo con el que había convivido en los años que pasó en el noviciado. Pero no por mucho tiempo. En esa función, alejado del ruido porteño, lo descubrió el arzobispo de Buenos Aires, cardenal Antonio Quarracino, quien quedó admirado por un retiro que predicó el sacerdote jesuita. Comenzó a seguirlo de cerca y presentó uno de sus libros en el salón de actos del Colegio del Salvador, en Buenos Aires. Llevó al nuncio apostólico, monseñor Ubaldo Calabresi, para que lo conociera más profundamente y le escribió en una carta: «La Iglesia espera grandes servicios del padre Bergoglio». Quarracino movió después cielo y tierra para lograr que el Vaticano lo trasladara a Buenos Aires como obispo auxiliar de la arquidiócesis. Era tiempo para que comenzaran a asomar en el horizonte esos grandes servicios que la Iglesia esperaba.

CINCO

La difícil tarea de ser obispo auxiliar de Buenos Aires en los años noventa. Ideas renovadoras. Las lecturas que lo marcaron para siempre. Los referentes en la Iglesia

Cómo lograr una Iglesia más misionera, dinámica, con mayor participación de los laicos y una renovada organización de las estructuras parroquiales era una preocupación ya extendida en los albores de la década del 90 en la Argentina. Obispos, sacerdotes y fieles se aprestaban a celebrar el quinto centenario del comienzo de la evangelización de América. No se hablaba ya del descubrimiento del nuevo continente, que remitía a tiempos de conquista y sometimiento. El papa Juan Pablo II encomendó el desafío de encontrar «una evangelización nueva en su ardor, en sus métodos y en su expresión» y a ello se abocaron los obispos argentinos, al lanzar en mayo de 1988 la Consulta al Pueblo de Dios, un instrumento destinado a conocer el terreno en el que se movía la Iglesia y las expectativas de los fieles, que no encontraban muchos canales de participación en la organización eclesiástica.

Había pasado un año de la sanción de la ley de divorcio en la Argentina, cuyo debate encontró mal paradas a las autoridades eclesiásticas, con posiciones más duras o más flexibles, según el obispo o la diócesis por donde uno transitara. Lo que algunos vieron como un revés frente al gobierno de Raúl Alfonsín otros miraron como una oportunidad para renovar la forma de comunicar el mensaje de la Iglesia, acercándose a las realidades que marcaba un mundo nuevo.

Más de 77.000 personas respondieron la Consulta al Pueblo de Dios, que se hizo en parroquias y en la calle. La encuesta reflejaba que muchos fieles percibían una «falta de testimonio cristiano» y «poco espíritu misionero» y reclamaban comunidades parroquiales «más acogedoras, abiertas y misioneras». En ese escenario asumió como arzobispo de Buenos Aires monseñor Antonio Quarracino, cuyo nombramiento se demoró por la resistencia del gobierno radical de Alfonsín, que desconfiaba del perfil neoconservador del entonces arzobispo de La Plata. Su antecesor, el cardenal Juan Carlos Aramburu, había presentado su renuncia al llegar a los 75 años, como indican las normas canónicas y debió quedarse tres años más, hasta los 78, hasta que cambiara el gobierno y se pudiera concretar el relevo, siempre todo dentro de las reservas diplomáticas entre la Cancillería y la Secretaría de Estado del Vaticano.

Ante el diagnóstico reflejado en la amplia consulta y las inquietudes recogidas por cada obispo en su diócesis, el Episcopado lanzó, en sintonía con las intenciones del Papa, las líneas pastorales para la nueva evangelización, en un documento aprobado por la asamblea plenaria de los obispos en abril de 1990. Los dos principales desafíos señalados por los obispos en ese contexto eran el secularismo, que la Iglesia explica como el olvido de Dios y la reducción de toda referencia trascendente, y la «urgente necesidad de una justicia demasiado largamente esperada».

En ese momento, tras el cambio de signo político en el gobierno, en medio de una profunda crisis social y económica, se abría en la Argentina un escenario político renovado, a partir del retorno del peronismo al poder, de la mano de Carlos Menem, en julio de 1989.

Cálido, polémico y apasionado, Quarracino asumió en el Arzobispado porteño en julio de 1990. En noviembre de ese año accedió a la presidencia del Episcopado, que ejerció hasta 1996, y el papa Juan Pablo II lo nombró cardenal en junio de 1991. En su gestión de ocho años como arzobispo primado, que concluyó con su muerte, el 28 de febrero de 1998, alternó diagnósticos muy críticos acerca de la realidad del país, que incluían advertencias continuas sobre la creciente corrupción en las instituciones públicas y el avanzado deterioro moral y social, con conductas que lo hacían aparecer cercano al mundo político. Lo animaba una profunda preocupación por la escasa presencia católica en la vidriera cultural y trató de suplirlo con sus intervenciones en los medios de comunicación, en los que imponía su mirada sobre los problemas del país, que muchos identificaban con una línea de pensamiento neoconservadora. Quarracino había conocido a Menem en 1976, cuando el ex gobernador riojano había sido detenido por el gobierno militar en la unidad penal de Magdalena y el entonces obispo de Avellaneda había asistido a visitar a un dirigente preso. Si bien entablaron una buena relación, el cardenal se distanció en la década del 90 y evitó mezclarse en el entorno presidencial. En abril de 1991, el Episcopado realizó su asamblea plenaria en San Fernando del Valle de Catamarca, por la celebración de los cien años de la coronación de la Virgen del Valle, patrona de esa provincia en el noroeste del país. Quiso el destino que esa reunión coincidiera con la fuerte conmoción provocada por el crimen de la joven María Soledad Morales en esa ciudad, a manos de gente protegida por el poder político. Allí, mientras el gobierno nacional declaraba la intervención federal en esa provincia, los obispos emitieron una declaración en la que advertían sobre la corrupción y otras deficiencias en la vida política.

En ese escenario, la Iglesia lanzó las citadas líneas pastorales para la nueva evangelización, trazadas en un documento en el que trabajaron, principalmente, dos obispos auxiliares porteños y colaboradores de Quarracino: Luis Héctor Villalba y Eduardo Mirás. Ambos tuvieron después una proyección importante en la Iglesia argentina: Mirás fue arzobispo de Rosario y presidente del Episcopado (2002-2005), acompañado en la vicepresidencia por el luego arzobispo Jorge Bergoglio, y Villalba fue arzobispo de Tucumán y también vicepresidente de la Conferencia Episcopal (2005-2011), durante la gestión encabezada por el hoy papa Francisco. También se percibe en el trazado de las nuevas líneas pastorales la mano del arzobispo de Paraná, monseñor Estanislao Karlic, que sucedió a Quarracino al frente del Episcopado (en el período 1996-2002) y marcó el comienzo de una nueva etapa en la Iglesia, caracterizada por la distancia y la independencia del poder político, un compromiso más firme con los desposeídos y una vocación abierta al diálogo con la sociedad. En esa línea se inscribió más tarde el cardenal Jorge Bergoglio, que profundizó esos ejes y le dio proyección propia a un estilo pastoral más cercano a la gente.

Los desafíos planteados en aquel documento —el secularismo y la justicia— se extendieron durante varios años. En el mismo texto se señalaba que «el olvido de Dios conlleva el riesgo de alimentar en los hombres la autosuficiencia y de absolutizar el poder». En un anticipo de lo que muchas sociedades vivieron después, con la irrupción del proceso de globalización, los obispos advertían: «Al prescindir de Dios, se despoja al hombre de su referente último y los valores pierden su carácter», con secuelas que suelen manifestarse «en diversas formas de corrupción, que afectan a las personas y dañan el conjunto del tejido social». Respecto de la «justicia demasiado largamente esperada», señalaban en primer lugar el problema de la pobreza, que «se extiende y agrava hasta dimensiones infrahumanas de miseria, derivada, muchas veces, de la falta de solidaridad». La Argentina transitaba el mes de abril de 1990. Aún faltaban recorrer once años hasta la debacle social más profunda que vivió el país, cristalizada en la crisis política e institucional de 2001.

En ese escenario social inquietante comenzó su misión episcopal el padre Jorge Bergoglio, designado por Juan Pablo II obispo auxiliar de Buenos Aires el 20 de mayo de 1992, tras intensas gestiones del arzobispo Quarracino en Roma. Su vigor intelectual, como se explicó en el capítulo anterior, sorprendió al cardenal primado, que debió vencer resistencias internas en la Santa Sede para promover en el orden episcopal a un sacerdote jesuita, en una arquidiócesis tan compleja como la de Buenos Aires. Fue consagrado obispo el 27 de junio de ese año, en la Catedral metropolitana, junto con el también obispo auxiliar Raúl Rossi, en una misa presidida por el propio Quarracino. Lo acompañaron en el rito de la consagración episcopal el nuncio apostólico, monseñor Ubaldo Calabresi (el mismo a quien el arzobispo porteño había llevado al Colegio del Salvador para que conociera y escuchara a Bergoglio), y el arzobispo de Mercedes-Luján, monseñor Emilio Ogñenovich, que muchos años después, tras su retiro de la vida pastoral activa, fue vecino de cuarto del ahora papa Francisco en la Curia porteña. Dos meses antes habían asumido también como obispos auxiliares Héctor Aguer, luego arzobispo de La Plata en 1998, y Rubén Frassia, trasladado al año siguiente a Bariloche y en 2001 a la diócesis de Avellaneda-Lanús.

La designación de un obispo jesuita causó sorpresa entre los porteños. Pese a que ya existía el antecedente de monseñor Joaquín Piña, también jesuita y nombrado en 1986 obispo de Puerto Iguazú, en la provincia de Misiones, muchos se preguntaron si el Papa podía asignar una diócesis al religioso de una orden o congregación. Olvidaban que Buenos Aires ya había tenido en el mismo siglo un arzobispo franciscano: fray José María Bottaro, que rigió la arquidiócesis entre 1926 y 1935, hasta su muerte. Sus restos descansan en la Catedral porteña, a los pies del Calvario.

Según las disposiciones canónicas, ningún nombramiento que haga el Papa en la Iglesia puede estar condicionado a autorización alguna. Ello no quita que el obispo designado pueda realizar consultas con su confesor o con el superior general de su orden o congregación, dentro de las limitaciones del «secreto pontificio» que le pide el nuncio apostólico cuando le acerca el ofrecimiento, que puede aceptar o no. En la comunidad jesuítica rigen las normas dictadas por San Ignacio de Loyola, que al referirse al voto simple de los religiosos, estableció que ningún jesuita «puede aspirar a ninguna dignidad interna o externa». Mientras la dignidad interna se refiere a los cargos dentro de la orden, la externa está referida, por ejemplo, al ejercicio del ministerio episcopal. Pero la norma se interpreta en sentido amplio y así lo estableció en 1995, tres años después del nombramiento de Bergoglio como obispo auxiliar, la Congregación General 34 de la Compañía de Jesús, reunida en Roma, que en las anotaciones de la citada disposición dejó asentado el criterio de que ello no obstaculiza la asunción de responsabilidades en la propia orden religiosa o en el ministerio episcopal, según explicó un reconocido sacerdote jesuita del Colegio del Salvador porteño.

Por otra parte, todas las designaciones de obispos son precedidas de consultas reservadas que la Santa Sede realiza a personas de confianza para conocer las posiciones que el candidato en cuestión ha formulado sobre temas específicos, de interés para la Iglesia, como la seguridad en la doctrina, el ejercicio de una vida moral honesta y las opiniones que ha vertido sobre el celibato o la ordenación de sacerdotes mujeres, por ejemplo, entre otros temas espinosos.

Con su nombramiento como obispo auxiliar, Bergoglio volvió a su entorno natural: a la ciudad de Buenos Aires y al barrio de Flores. De las cuatro zonas en que se divide el mapa de la arquidiócesis, Quarracino le encomendó la Vicaría de Flores, que se transformó en la «niña mimada» del futuro arzobispo. Las otras tres vicarías son las de Centro, Belgrano y Villa Devoto y cada una atiende aproximadamente un 25% de las 180 parroquias de la arquidiócesis porteña, además de los colegios católicos y las instituciones religiosas. En su caso, se dedicó a unas 45 parroquias situadas en los barrios de Villa Lugano, Liniers, Vélez Sarsfield, Flores y Villa Soldati, con una población variable, en la que convivían familias de clase media con otras de bajos recursos y necesidades insatisfechas, en una época en que la línea demarcatoria de la pobreza era cada vez más visible.

Austero y porteño de pura cepa, el obispo jesuita rehuyó desde el comienzo el protagonismo mediático y mostró que es enemigo de la notoriedad pública. Recorrió las parroquias e iglesias confiadas a su ministerio y, además de sorprender a cada comunidad que visitaba, a las que llegaba sin previo aviso, compartía con los sacerdotes un mate y una cercanía profunda, que rápidamente se extendió por toda la arquidiócesis, más allá de la zona geográfica que debía conducir. *Miserando atque eligendo* fue el lema episcopal que eligió para su tarea pastoral, que se traduce como «Lo miró con misericordia y lo eligió». La frase rememora una homilía del monje benedictino San Beda, referida al relato evangélico en el que Jesús elige como discípulo a Mateo, que era recaudador de impuestos y dejó las riquezas terrenales para predicar el Evangelio. Toda una definición y una señal, que se revaloriza hoy si se tiene en cuenta que mantuvo el mismo lema cuando fue elegido Papa. La elección del pasaje sobre el evangelista, además, no es casual, ya que el día en el que recibió la inspiración de su vocación sacerdotal, el 21 de septiembre de 1953, se celebraba, además del día de la primavera, la festividad de San Mateo.

Un año después de instalarse en Flores, en 1993, Quarracino lo nombró vicario general de la arquidiócesis, con lo que debió asumir cuestiones administrativas e institucionales como segundo del arzobispo, y su influencia sobre el clero se expandió rápidamente. Acompañó a muchos curas que enfrentaban problemas personales y era un referente para muchos de ellos.

Al tener que cubrir actividades en la curia, frente a la Plaza de Mayo, y en la Vicaría de Flores, distante unos ocho kilómetros, Bergoglio frecuentó el transporte público, especialmente el subterráneo. Allí conversó y hasta confesó a muchos vecinos, dada la facilidad que le producía no ser en ese momento una figura muy conocida, Su presencia pasaba inadvertida entre la gente. Con el paso de los años, cultivó el mismo bajo perfil, a pesar de que ya muchos lo reconocían por la calle.

Si bien había llegado a su barrio, no muchos lo conocían. ¿Quién era ese obispo Bergoglio, que se ganó la confianza del arzobispo Quarracino? ¿Cómo era y qué formación tenía más allá de su trayectoria y su identificación con la Compañía de Jesús? No había pasado por ninguna parroquia porteña, pero los sacerdotes jóvenes y los seminaristas comenzaron a apreciarlo rápidamente. Reservó siempre una línea telefónica directa para los curas, para acompañarlos en las dificultades que se les presentaban y ayudarlos en la acción pastoral y en sus inquietudes personales.

Desde el comienzo, Bergoglio trató de llegar a la gente con expresiones muy simples y gráficas, tomadas de las acciones más comunes de la vida cotidiana.

«Esta noche, cuando hagamos el examen de conciencia, miremos la cerradura de nuestro corazón a ver qué llave impide la entrada del Señor. Algunos dicen: *no, no tengo llave*. Fijate cómo está el timbre. ¿Lo tenés desconectado, que el Señor llama y no pasa nada? ¿Qué pasa en tu corazón? ¡Dejá que el Señor entre...!», exclamó en un mensaje.

Comenzaba a definir los desafíos que la cultura de los nuevos tiempos planteaban a los cristianos del siglo XXI que se venía. «Desde el fundamentalismo de cualquier signo hasta la *new age*, pasando por nuestras propias mediocridades en la vida de fe o por la de aquellos que usan elementos cristianos pero diluyen en la neblina lo esencial de la fe, los náufragos posmodernos nos hemos nutrido en la poblada góndola del supermercado religioso. El resultado es el teísmo: un Olimpo de dioses fabricados a nuestra propia *imagen y semejanza*, espejo de nuestras propias insatisfacciones, miedos y autosuficiencias».

Más de una vez llamó a «no inhibir la fuerza creativa de nuestra propia historia» y revalorizó el ámbito educativo como el espacio indicado para ese ejercicio. «Vemos tanta memoria enferma, desdibujada, desgarrada en recuerdos incapaces de ir más allá de su primera evidencia, entretenida por flashes y corrientes de moda, sentimientos del momento, opiniones llenas de suficiencia que ocultan el desconcierto. Todos esos fragmentos quieren distraer, oscurecer y negar la historia: El Señor está vivo y está en medio de nosotros. Él nos llama, Él nos sostiene, en Él nos reunimos y Él nos envía. En Él somos hijos, en Él hallamos la estatura a la que estamos llamados», exhortó, sin ambigüedades, a docentes, directivos y padres de alumnos, en uno de los tantos encuentros que promovió para dar un mensaje cara a cara con la comunidad, sin barreras ni distancias.

Reiteradamente, desde sus primeros años como obispo auxiliar, llamó a combatir el relativismo, la mediocridad y la tendencia a desacreditar los valores. «La desconexión de las raíces cristianas convierte a los valores en lugares comunes o simplemente nombres. De ahí al fraude de la persona hay un paso», advirtió con énfasis en más de una ocasión.

Quienes lo seguían comenzaban a percibir un mensaje renovado, con un lenguaje directo, que quizá no estaban muy acostumbrados a encontrar en las homilías, por las referencias a situaciones cotidianas y descripciones palpables de la realidad, si bien el fondo del mensaje era el mismo: transmitir la necesidad de ir construyendo, cada uno con sus propias manos y su propio esfuerzo, la sociedad que el país aún espera.

Conforme a lo que mostraba en sus charlas y en sus homilías, Jorge Bergoglio asomaba como un obispo con renovadas ideas pastorales y profundas inquietudes culturales. La literatura argentina fue siempre una de sus pasiones. Las obras completas de Jorge Luis Borges a quien admiraba por su profundidad y sencillez, y todos los libros del poeta, novelista y ensayista Leopoldo Marechal, encabezados por el célebre *Adán Buenosayres*, se encontraban en su biblioteca. Asiduo lector, devoró también las creaciones literarias del escritor ruso Dostoievski, como *Los hermanos Karamazov*, donde afloran los valores del perdón y la reconciliación.

Una de las obras clásicas argentinas preferidas por él es el *Martín Fierro*, de José Hernández, cuyas enseñanzas despliega con frecuencia en sus homilías. Así lo hizo en un mensaje transmitido a la comunidad educativa porteña el 10 de abril de 2002, cuando la Argentina aún no había salido de la crisis del 2001. Se refirió a los cacerolazos —que en ese momento se multiplicaban como forma de protesta a lo largo del país— como «un chispazo autodefensivo, espontáneo y popular», aunque aclaró que «forzar su reiteración en el tiempo le hace perder las notas de su contenido original». Y tomó el *Martín Fierro* para buscar «algunas claves que nos permitan descubrir algo de *lo nuestro* para retomar nuestra historia con un sentimiento de continuidad y dignidad».

Rastreador de textos clásicos en las llamadas «librerías de viejo», que en Buenos Aires se repiten a lo largo de la avenida Corrientes como una invitación a encontrar libros de otros tiempos, Bergoglio encargaba muchas veces a conocidos suyos la búsqueda de determinadas obras. «Lo hacía generalmente a través de otro porque si iba personalmente le ofrecían la gentileza de no cobrarle y eso lo ponía incómodo. Él siempre quiso pagar lo que compraba», explicó Manuel Outeda Blanco, conocedor de los gustos literarios del Papa y uno de los organizadores de la Exposición del Libro Católico, que desde hace más de tres décadas se ofrece en Buenos Aires y en La Plata para acercar a los lectores libros de autores cristianos, que el público no tiene habitualmente al alcance de la mano.

Entre los libros que el Papa reunió en los últimos años se encuentran varios textos del cardenal jesuita italiano Carlo Maria Martini, arzobispo emérito de Milán, fallecido en agosto de 2012 y con quien Bergoglio compartió el cónclave de abril de 2005. Abierto al mundo moderno, Martini fue uno de los más firmes exponentes del pensamiento progresista en la Iglesia contemporánea y en 1978 el papa Pablo VI lo invitó a predicar ejercicios espirituales en la Santa Sede. En los últimos años admitió el uso de preservativos en casos excepcionales, como método para prevenir el contagio del sida, aceptándolo como un mal menor; y se mostró partidario de una mayor colegialidad en el gobierno de la Iglesia, lo que implica una participación más activa de los obispos, como una manera de democratizar la toma de decisiones, en sintonía con el legado del Concilio Vaticano II. Una de sus últimas publicaciones es *Libres para creer*, que recopila sus intervenciones en

Milán dirigidas a los jóvenes, entre 1980 y 2002, y la obra interesó a Bergoglio. Al lamentar la muerte de Martini, el cardenal jesuita argentino lo definió como «un hombre que no se aferró al cargo y sabía escuchar».

Entre sus conocidos, el arzobispo reveló que leyó cuatro veces la obra *Los novios* (*I promessi sposi*), del poeta y dramaturgo italiano Alessandro Manzoni, otro de sus autores predilectos. En los últimos tiempos se interesó también por *Domingueras prédicas*, una recopilación de sermones del padre Leonardo Castellani.

Las obras del novelista y ensayista francés León Bloy también nutrieron al papa Francisco en su formación intelectual, así como *El fin de los tiempos y seis autores modernos*, la obra del sacerdote jesuita argentino Alfredo Sáenz que analiza los pensamientos de Dostoievski, Tibon, Benson, Soloviev, Pieper y Castellani.

Otro autor que Bergoglio siguió con atención es el sacerdote François Xavier Van Thuan, nacido en 1928 en Vietnam y nombrado cardenal por Juan Pablo II en 2001, luego de que predicara al Papa los ejercicios espirituales de cuaresma del año anterior. En 1975 había sido designado arzobispo coadjutor de Saigón pero el régimen comunista lo encarceló durante trece años. Exiliado luego en su propio país, murió en 2002 y, entre otras obras, dejó escrito *Cinco panes y dos peces*, un libro que impresionó al papa Francisco. Con oraciones y meditaciones, relata la presencia de Dios antes y después de su encierro. Los cinco panes a los que hace referencia el título son las enseñanzas que aprendió de su calvario: actuar y no dejar pasar el tiempo, elegir a Dios, el silencio para orar, el valor de la Eucaristía y amar al prójimo. Los dos peces son el amor de María y la invitación a transitar un camino de santidad.

Además de la promoción de la buena lectura y su cercanía con el mundo intelectual, desde su llegada a la arquidiócesis de Buenos Aires, Bergoglio acompañó todos los años la realización de la Exposición del Libro Católico. En una de sus últimas ediciones recibió la estatuilla «Nuestra Señora del Libro», que realizó la artista plástica María Alicia Blotta, inspirada en la pintura homónima que Sandro Boticelli inmortalizó en el siglo XV y que está expuesta en Milán.

Al recibir la distinción y agradecer a Outeda Blanco por la realización de la muestra, Bergoglio llamó a redoblar esfuerzos por «la tarea evangelizadora de la cultura, en momentos en que se está intentando desmontarla». Destacó que «la cultura católica está arraigada y es parte de nuestra patria y no es una capa de pintura que se puede cambiar o *limpiar*».

SEIS

El arzobispo de Buenos Aires
que pedía que lo llamen padre.
El brindis como «hombre resucitado».
El humor y la amistad como
herramientas para construir lazos
con la comunidad judía

Camino a la iglesia Nuestra Señora de los Inmigrantes, en el barrio de La Boca, el ya arzobispo de Buenos Aires tomó el colectivo frente a la Plaza de Mayo, se sentó y una señora que estaba al lado le preguntó si se podía confesar. «Sí, claro, si a usted no le molesta», fue la respuesta. Empezó la confesión, mientras el colectivo avanzaba lentamente por el congestionado tránsito del centro porteño y, cuando ya estaba por llegar a destino, Jorge Bergoglio le dijo a la señora: «Bueno, yo en dos paradas ya me tengo que bajar». Terminó la confesión, hubo tiempo para un breve y distendido intercambio de palabras y otra señora que viajaba en el mismo colectivo lo reconoció. «¡Es Bergoglio, es Bergoglio!», gritaba, mientras él descendía por la puerta trasera en medio de una gran vergüenza. Y desde el asiento se escuchaba a la mujer que había conversado con él: «¡Me confesé con Bergoglio!, ¡Me confesé con Bergoglio!»

«Que no griten, yo soy uno más», le dijo por lo bajo a uno de sus colaboradores, testigo del encuentro. «No lo puede creer, ¿para qué grita si yo soy un sacerdote normal?», se preguntó, cuando el colectivo retomaba su marcha.

Por su estilo pastoral, que lo llevó siempre a caminar entre la gente y utilizar el transporte público, muchas personas deben atesorar algún recuerdo o anécdota de Francisco, que no varió su rutina ni su forma de ser a medida que fue avanzando en su misión apostólica.

Su vida tomó un rumbo definitivo el último día de febrero de 1998, con la muerte de su antecesor, el cardenal Antonio Quarracino. Quedó convertido automáticamente, a los 61 años, en arzobispo de Buenos Aires, ya que el Papa lo había designado en junio anterior arzobispo coadjutor, la figura eclesiástica prevista en las normas canónicas que le permite al pontífice nombrar por anticipado el sucesor en una diócesis. A los 74 años, el sanguíneo y visceral cardenal primado arrastraba problemas de salud, que se agravaron particularmente en aquel movido verano de 1998. El 12 de febrero había encabezado en la Catedral metropolitana las exequias de su fraternal amigo el cardenal Eduardo Francisco Pironio, que había fallecido en Roma. Profeta de la esperanza y estrecho colaborador de los papas Pablo VI y Juan Pablo II, Pironio había reunido votos en los dos cónclaves de 1978 y era una figura relevante en la Santa Sede, al conducir la Sagrada Congregación para los Religiosos y el Pontificio Consejo para los Laicos. Su muerte afectó sensiblemente a Quarracino, quien al despedirlo en una misa de cuerpo presente en la Abadía de Santa Escolástica le pidió que lo llevara a su lado.

En menos de un mes, la Argentina perdió a dos cardenales de singular estatura. Sin que nadie lo previera, alumbraba en la arquidiócesis porteña la figura de un arzobispo que tres años después alcanzaría la jerarquía cardenalicia y emprendería un camino que, en el momento que menos lo esperaba, lo condujo a Roma. Muy lejos de imaginar ese destino, Bergoglio presidió el funeral de Quarracino en la Catedral de Buenos Aires, donde hoy descansan sus restos.

El nuevo arzobispo porteño asumió en un momento trascendente en el pontificado de Juan Pablo II, que ese año cumplía veinte años al frente de la Iglesia. En enero de 1998 el papa polaco realizó una visita histórica a la Cuba de Fidel Castro, que lo recibió con todos los honores. Un viaje con proyecciones políticas que la prensa anunciaba como el «encuentro histórico entre dos viejos guerreros, ambos con poder, carisma, fuerza intelectual y una clara agenda», como lo recordó el periodista y teólogo norteamericano George Weigel en su libro *Testigo de esperanza,* una biografía de Juan Pablo II. El propio Bergoglio dejó por escrito su mirada sobre ese acontecimiento en el libro *Diálogos entre Juan Pablo II y Fidel Castro*, en el que revalorizaba la vocación del pontífice polaco al diálogo, en un anticipo del estilo que él le iba a imprimir a su ministerio episcopal y, posteriormente, a su pontificado. «El papel de la Iglesia, y en especial del vicario de Cristo, es el de liberar, dialogar y participar, para construir la comunión entre los hombres y la Iglesia», escribió entonces el arzobispo primado.

A modo de síntesis de aquel histórico encuentro en La Habana, Bergoglio señalaba que «el resultado de este *diálogo* se ha transformado potencialmente en realidades palpables, ante la voluntad de *conceder* que ha demostrado Fidel Castro —por ejemplo con la liberación de presos políticos— y ante la inclinación papal a *promover* el levantamiento de barreras impuestas a Cuba por los *superpoderes*, con la intermediación de las cancillerías argentina y española».

Además, el arzobispo porteño consideraba necesaria «la revisión de principios de todos aquellos que de algún modo tienen la responsabilidad de gobernar o marcar el rumbo de los pueblos. Sea que compartan la alegría de la cristiandad o no, queremos hacerles partícipes de este pedido de conversión del corazón en pos de alcanzar el *bien común* o la *verdad cristiana*, como los bautizados hemos dado en llamar al desarrollo pleno de todo el hombre y de todos los hombres», al citar una expresión de la encíclica *Populorum Progressio*, de Pablo VI.

En sus primeros años como obispo, Bergoglio se sumó a la Comisión de Pastoral Social del Episcopado. Consustanciado con el espíritu y el estilo de diálogo y apertura que le imprimió a su gestión el presidente del Episcopado, monseñor Estanislao Karlic, suscribió una declaración, con motivo de la celebración del Gran Jubileo del año 2000, en la que la Iglesia pedía una «amnistía para los indocumentados», en sintonía con las voces que alzó posteriormente para los sectores más débiles de la sociedad. «La Iglesia considera urgente, con respecto al reconocimiento efectivo de los derechos de los emigrantes, que se sepa superar una actitud estrictamente nacionalista a fin de crear una legislación que reconozca el derecho a la emigración y favorezca su integración».

El padre Bergoglio, como pedía que lo llamaran, inició su acción pastoral en la arquidiócesis con el equipo de obispos auxiliares que heredó de Quarracino y que él mismo había integrado. Lo acompañaban los monseñores Mario Serra, Raúl Rossi, Héctor Aguer, Rubén Frassia, Guillermo Rodríguez Melgarejo y José Luis Mollaghan. Su primera decisión de peso fue la creación de una Vicaría Episcopal de Educación, como señal de la prioridad pastoral que le asignaría a esa área, considerada vital desde el punto de vista estratégico y cultural. Comprendía para la arquidiócesis un radio de acción de 250 colegios católicos, con más de 180.000 alumnos y un plantel de 16.000 docentes. Teniendo en cuenta a las familias, que ocupan un papel preponderante en la educación, las orientaciones y el trabajo fecundo que el arzobispo porteño esperaba fortalecer en esa área llegarían a 600.000 personas.

Confió el nuevo organismo a monseñor Aguer, un obispo de peso propio, para darle envergadura a la nueva vicaría. Sin embargo, Aguer dejó la función a los pocos meses, porque en septiembre fue promovido a arzobispo de La Plata, y la función quedó en manos del sacerdote Juan Torrella, que ejerció la misión en profunda sintonía con el arzobispo Bergoglio.

Una de las primeras acciones, que se mantuvo en el tiempo, fueron las misas por la educación, que a comienzos de cada año lectivo —entre marzo y abril— reúnen a docentes, alumnos y padres en la Catedral. «Una comunidad educativa es una pequeña iglesia, mayor que la familia y menor que la Iglesia diocesana, en ella se vive y se convive. En ella peregrinamos, como hijos y hermanos, hacia la eternidad», describió el arzobispo en una de sus homilías.

Más que un discurso, los mensajes dirigidos a los maestros parecen personalizados. Les habló siempre a cada uno de ellos, con un lenguaje moderno. Y les escribió: «*Queridos educadores*: qué grande es la tarea que Jesús pone en sus manos. Cultiven su personalidad, transmitan con su ser un estilo, una certidumbre. No sucumban a la tentación de prorratear la verdad. Que esa suerte de paternidad y maternidad no descrea de las capacidades de los alumnos, nivelando para abajo por medio del consenso negociador, del pacto demagógico, consintiendo el cotidiano *zafar*».

No se olvidó de los directivos escolares, a quienes los animó: «A veces la carga se torna pesada. No están solos. Cuiden con amor e idoneidad de cada uno y del conjunto, y sentirán a su vez la suavidad de una presencia que los sostendrá y animará a ustedes [...] No hay mejor memoria que la de un alumno agradecido».

Al gobierno de Carlos Menem no tardó en señalarle tareas pendientes. En agosto de 1997, cuando aún se desempeñaba como arzobispo coadjutor, Bergoglio encabezó una procesión de 600.000 personas en el santuario de San Cayetano, el santo del pan y del trabajo. En tiempos en que la desocupación comenzaba a hacer estragos, el futuro papa dijo: «Al trabajo, como al pan, hay que repartirlo. Cada uno tiene que trabajar un poco. El trabajo es sagrado porque cuando uno lo tiene se va formando a sí mismo. Además, el trabajo enseña y educa, es cultura».

Eran tiempos de políticas neoliberales y los obispos de la región alertaron sobre las consecuencias que debían evitarse, en un encuentro realizado en Santiago de Chile, en el que la Iglesia llamó a combatir la corrupción. «Es urgente reaccionar frente a la corrupción pública y privada que está destruyendo a nuestros pueblos, oprimiendo aún más a los pobres y contribuyendo al enriquecimiento de unos pocos», denunciaron los obispos latinoamericanos, mucho antes de que una ola de gobiernos progresistas se extendiera en América del Sur. En noviembre de 1997, además, Bergoglio integró la delegación argentina que participó en el Sínodo de Obispos de América, que se reunió en Roma y donde se planteó el problema de los países endeudados.

Cuando asumió en la arquidiócesis no temió a los actos masivos y convirtió el barrio de Palermo en un escenario de la fe. El Monumento de los Españoles, donde Juan Pablo II había celebrado una misa durante su visita a la Argentina en 1982, se convirtió otra vez en un altar el 12 de octubre de 1998 y el futuro papa Francisco presidió una confirmación masiva a 12.800 adultos y 8200 chicos, en dos ceremonias al aire libre, que reunieron a 95.000 personas.

Previó los tiempos críticos que se avecinaban en el país al advertir en 1999, en el tedéum del 25 de Mayo y en las narices del entonces presidente Menem, que «la sombra del desmembramiento social se asoma en el horizonte».

El lenguaje coloquial, la sencillez y la apertura de Bergoglio para atender las inquietudes y los requerimientos de la gente no quitaba la firmeza de sus decisiones. Así lo refleja una anécdota contada por Gustavo Fierro Sanz: «El padre Alois Bachmann desarrollaba un fecundo trabajo pastoral en la parroquia Nuestra Señora de Lourdes, en el barrio de Belgrano, adonde mi madre Elisa concurre habitualmente a misa. Bergoglio creyó conveniente trasladarlo a la parroquia Inmaculada Virgen de Fátima, en Versailles, para promover allí una acción de apostolado. Varios fieles, entre ellos mi madre, se quejaron por el traslado y le pidieron al arzobispo que lo mantuvieran en Lourdes. Pero la gestión no dio resultado. A pesar de la insistencia, el cardenal puso fin al pedido con palabras contundentes en una conversación telefónica: *Mirá, Morocha* (así llamaban todos a mi madre), *el padre Alois ha hecho una excelente tarea en esa parroquia, pero su destino ahora está en otra*».

«Francisco es netamente porteño. Es como una *Guía T* (una publicación que detallaba los mapas de cada barrio y los recorridos de los colectivos)», lo describió un colaborador.

Siguió manejándose en colectivo y en subte, con la vestimenta sencilla de cualquier sacerdote. «Siempre andaba con el mismo portafolio», rememoró su ex compañero de colegio Néstor Carbajo, que a veces lo acercaba hasta la Curia, cuando iba a celebrar misa a la parroquia de Santa Rita, en las fiestas patronales del 22 de mayo. También lo veía los 7 de agosto en San Cayetano. «Cuando terminaba la misa pasaba por toda la cola de peregrinos y saludaba uno por uno a la gente que esperaba entrar en el templo», evocó.

Bergoglio mantuvo siempre la oficina y el teléfono abiertos para sus sacerdotes y colaboradores y él mismo organizaba personalmente su agenda, hasta en los mínimos detalles. Ante una celebración, se preocupaba por la planificación y todos los detalles. «¿Te fijaste dónde van a estar ubicados; acordate que les quiero dar la bendición», «¿dónde los voy a ver?», «¿cómo salió todo?», eran preguntas que el papa Francisco formulaba a sus colaboradores cercanos.

En un gesto por demás significativo, cuando sucedió a Quarracino, jamás utilizó la residencia reservada para el arzobispo en Olivos, en la calle Azcuénaga al 1800, en las afueras de la ciudad de Buenos Aires, a la que le dio otro destino. «Prefirió vivir en un cuarto de la Curia porteña, donde habitualmente residen los sacerdotes retirados que no tienen dónde ir. Era uno más de ellos», explicó Federico Wals, quien desde 2007 lo acompañó en la Oficina de Prensa de la arquidiócesis, junto con el director, el padre Gustavo Boquin, párroco de la Basílica de Nuestra Señora del Socorro. «Por su condición de cardenal, además, le correspondía tener custodia. La recibió para no despreciar el gesto, pero al muy poco tiempo la agradeció y la devolvió. El auto oficial que tenía lo regaló y al chofer lo reubicó en otra función», confió Wals.

A pesar de movilizarse en el transporte público, nunca sufrió ataques o agresiones, ni aún en los momentos de mayor crispación que vivió la Argentina, que no fueron pocos y que se reflejaron muchas veces en protestas en torno de la Plaza de Mayo. «Siempre se encomendó a San José, a la Virgen y a Santa Teresita del Niño Jesús, de la que siempre fue muy devoto», contó su antiguo vocero, que tomó a su cargo la relación con la prensa, que hasta 2006 había estado a cargo del padre Guillermo Marcó, una pieza fundamental en la vinculación del arzobispo con el mundo de la comunicación y las instituciones políticas y sociales.

—¿Así que vos sos el que va transmitir las buenas noticias que tenemos? —sorprendió el arzobispo a Wals en marzo de 2007.

Ese día se sumaba a la Oficina de Prensa. Era el Jueves Santo de ese año, en el patio del Hogar de Ancianos Rawson, en el barrio de Constitución, donde el futuro papa Francisco iba a realizar el lavatorio de los pies a enfermos internados, imitando el gesto de humildad de Jesús.

—Mucho gusto, soy el padre Jorge.

—Mucho gusto, Eminencia.

—Ya empezamos mal. Eminencia no. Padre Jorge o padre Bergoglio, ¿Está bien?

—Sí, padre, lo que usted diga.

A Wals le volvió el alma al cuerpo. El cardenal le palmeó la espalda y siguieron charlando.

«Siempre se caracterizó por no querer hacernos sentir que era arzobispo o cardenal, sino un pastor, un padre. Nunca tuvo problemas en pedir una opinión o un comentario para saber qué opinaba el otro», explicó el vocero.

El papa Francisco mantuvo siempre una rutina muy marcada.

El despertador sonó siempre a las 5:30, con una rutina muy propia de la vida monástica. A las 6, comenzaba el tiempo dedicado a la oración. Luego, desayunaba y, a las 7:30 estaba ya en su despacho. Atendía audiencias por la mañana, almorzaba al mediodía, volvía a su despacho a las 13 y continuaba con audiencias cuatro horas más. Muy temprano a la mañana y en los instantes previos y posteriores al almuerzo, revisaba la correspondencia y contestaba los llamados. En menos de 24 horas la gente tenía una respuesta a su pedido.

Nunca usó celular ni mail. Si alguien le hacía llegar un correo electrónico, la secretaria se lo imprimía y, si le dejaban un mensaje por teléfono, tanto ella como la gente de la Oficina de Prensa le dejaban escrita la consulta en una hoja y sobre ese mismo papel contestaba. «Nunca tuvo mucha idea sobre cómo se encendía una computadora. Sin embargo, siempre está al tanto de todos y no se le escapa nada», explicó su vocero.

La profunda capacidad de observación del papa Francisco se correspondía con su estilo personal, que lo llevaba a hablar poco y escuchar y mirar mucho. «Es un carácter jesuita ciento por ciento», lo describían en la Curia, al revelar que siempre meditó sus decisiones y nunca tomó medidas «en caliente», sin pensarlas o en forma intempestiva. «En general improvisa en sus homilías, pero eso no significa que no pensara y reflexionara previamente lo que iba a decir. Las cosas que expresa pueden ser chocantes, pero es cuidadoso y nunca se refiere a alguien con nombre y apellido. Jamás señaló a alguien con el dedo ni tomó represalias porque lo atacaran», explicó Wals.

Para el vocero, las críticas que el arzobispo de Buenos Aires formuló a los sucesivos gobiernos, estaban destinadas generalmente a toda la dirigencia: el oficialismo, la oposición y, también, a los que no participaban ni se metían en política.

Lector del diario *La Nación,* ese fue el único diario que leyó siempre todas las mañanas. Periódicamente revisaba otros matutinos. A veces les pedía a sus colaboradores que le llevaran los diarios con la publicación de notas sobre actividades de la arquidiócesis. «Tuvo siempre la habilidad de mirar el principio, el medio y el final de un artículo. A veces prefería llamar y preguntar: "¿Qué dicen los medios, qué escuchaste?". Valoró la tarea de los periodistas y se preocupó por que la Oficina de Prensa tuviera las puertas abiertas a todos los medios. Por más que no daba entrevistas, ante la inmensa cantidad de pedidos que le llegaban, se preocupó en forma permanente por la información y por la libertad de expresión», reveló.

Su renovado estilo pastoral pudo haber producido molestias e incomodidades aun puertas adentro de la Iglesia. De ello puede dar cuenta una situación planteada en diciembre de 1999, poco antes de que Bergoglio cumpliera dos años de gestión, cuando a las redacciones de los diarios *La Nación* y *Crónica* y Radio 10 llegó una noticia —luego constatada como falsa— que indicaba que el arzobispo de Buenos Aires había fallecido. Tras la sorpresa inicial, la noticia fue desmentida por la Agencia Informativa Católica Argentina (AICA) y el propio Bergoglio escuchó la versión cuando se retiraba de una reunión del Episcopado por un llamado del entonces vocero de la Catedral, Roberto Dabusti. El hecho provocó tal conmoción que algunos diarios contaron al día siguiente, en sus ediciones del 16 de diciembre, las situaciones vividas por la falsa noticia. Ese día, Bergoglio había convocado a los periodistas para compartir un brindis, por las fiestas de fin de año, y con mucho humor le restó trascendencia al episodio. Se presentó como «resucitado», un día antes de la fecha de su cumpleaños, lo que convirtió el episodio en una inocente anécdota. El arzobispo conversó animadamente con los periodistas, que no podían sustraerse a la noticia de estar compartiendo un brindis con «un resucitado». En la confusión inicial, un diario había encargado ya una nota necrológica, un redactor había partido presuroso al Arzobispado y en un monasterio se había comenzado a rezar por él.

A lo largo de los años, Bergoglio dio muestras de un riguroso respeto al valor de la palabra empeñada. En una ocasión, el periodista Jorge Rouillon —que cubrió durante treinta años la información religiosa en el diario *La Nación*— le confió cierto temor por su propio estado de salud, ya que debía someterse a un estudio médico, dado que no habían sido buenos los resultados de unos análisis. El arzobispo se comprometió a rezar por su pronto restablecimiento. Pasado el tiempo, los estudios desecharon cualquier anomalía, lo que tranquilizó al periodista, que siguió trabajando. Tres meses después, se encontró en la cobertura de un acto con Bergoglio, quien apenas lo vio le preguntó: «¿Tengo que seguir rezando?...»

En varias ocasiones el arzobispo primado dio muestras de respeto y comprensión a los medios de comunicación. En una ocasión, el obispo de Humahuaca le pidió a Federico Wals, responsable de la Oficina de Prensa del Arzobispado porteño, si podía enviar a los medios un pronunciamiento sobre la pobreza, aprovechando los contactos que ya tenía con los periodistas. Grande fue la sorpresa de Wals al día siguiente cuando se encontró con un título en el diario *Ámbito Financiero* que indicaba: «Bergoglio contra el gobierno por la pobreza del norte». Debió explicarle a Bergoglio el malentendido, dado que quien se había pronunciado sobre la pobreza era el obispo de Humahuaca. «Cuando lo vi llegar fui corriendo a su despacho y le expliqué lo ocurrido», contó el vocero de prensa. Y el papa Francisco, mirando la tapa del diario, dijo: «¿Mirá qué interesante...?, ¿cuándo dije eso?... Está bien, Federico, vos hiciste como corresponde. Además, no les viene mal enterarse cada tanto de que hay pobres en la Argentina».

Durante su misión como arzobispo de Buenos Aires, Francisco priorizó el acercamiento con otras confesiones religiosas, especialmente con la comunidad judía. Lo hizo en sintonía con el pensamiento y la acción de Juan Pablo II, el primer Papa en pisar una sinagoga en Roma, pero también como resultado de su formación jesuítica, una de cuyas características es el encuentro con quienes expresan los mismos valores desde otra perspectiva cultural.

Bergoglio no hizo más que profundizar el camino iniciado por su antecesor, el arzobispo Quarracino, quien mantuvo muy buenos vínculos con la comunidad judía. A él se debe la inédita iniciativa de colocar en la Catedral metropolitana un mural para rendir homenaje a las víctimas del Holocausto y a los muertos en los atentados a la Embajada de Israel y la AMIA.

Uno de los referentes de la comunidad judía que más cerca estuvo del papa Francisco en los últimos años es el rabino Abraham Skorka, lúcido intelectual y promotor del diálogo interreligioso, que compartió gestos y significativos encuentros con el arzobispo.

«Hicimos muchas cosas juntos, incluso antes de que él fuera cardenal. Nuestra amistad surgió a la luz de la búsqueda de Dios, en diálogos sobre cómo acercarse al Señor, cómo mejorar la condición humana y cómo percibir la manifestación de Dios en nuestra humanidad», comentó el rabino.

Se conocieron en los años 90, cuando Skorka representó al culto israelita en el tedeum del 25 de Mayo, en la Catedral, por una invitación que recibió del presidente de la Nación. «Antes de comenzar el servicio religioso, el arzobispo solía acercarse a saludar a las personas que iban a participar del tedeum, en un gesto informal con el que salía del protocolo. La Secretaría de Culto había establecido que estuviéramos parados a un costado, junto con el nuncio apostólico, para poder hacer un breve saludo al Presidente. Yo no pude con mi genio e hice una referencia a un versículo bíblico que Bergoglio había citado en la homilía. Cuando nos saludamos, mientras me tenía la mano me miró profundamente a los ojos y con gran seriedad me dijo: "Me parece que este año vamos a comer sopa de gallina". Tardé unos segundos en reaccionar, porque me saltó de la Biblia al fútbol. San Lorenzo, su equipo, estaba bien, y River Plate, el mío, andaba mal...»

«"Esto es cizaña", le dije. Y el nuncio apostólico exclamó: "Esa palabra no se puede decir en este lugar". Yo repetí: "¡Cizaña!", y Bergoglio le aclaró al nuncio: "Estamos hablando de fútbol". Entonces, el representante del Papa afirmó: "Ah... entonces sigan, no hay ningún problema". Todo fue muy risueño y me quedó grabado. Yo sentí que no estaba frente a alguien que se erige sobre un pedestal, sino alguien que se pone en el llano, junto al otro. Con todos fue siempre así. Honra su cargo a través de la sencillez y de la manera más genuina», comentó Skorka.

A partir de ahí, el arzobispo y el rabino compartieron distintas actividades. Se veían en los tedeums y en servicios interreligiosos por la paz, lo que fue enriqueciendo la relación personal.

«Cuando lo hicieron cardenal, mi mujer me dijo: "Ahora que lo hicieron cardenal ni se te ocurra hablarle de fútbol". El primer acto que compartimos, con mi mujer al lado, nos saludamos amablemente como siempre y lo primero que me dijo fue: "¿Vio qué mal anda Boca?" Más allá de la charla, estábamos en la misma vibración, no hay paredes en el medio. Así, podemos avanzar y hacer cosas cada vez más fuertes. Yo lo invité dos veces a mi comunidad, a la sinagoga Benei Tikvá», explicó el rabino.

Francisco compartió con Skorka la celebración del Yom Kipur, el Día del Perdón de la comunidad judía. «Fue la primera vez que un arzobispo de Buenos Aires participó de un servicio religioso con la comunidad judía. Cuando terminó, a las doce de la noche, quiso tomar un taxi, pero nosotros insistimos y lo llevamos con mi mujer en auto. Y me decía: "Créame, estuve rezando junto a ustedes", afirmándome profundamente el hecho de que él compartió totalmente con nosotros ese momento de elevación espiritual».

Para uno de sus cumpleaños como rabino de la comunidad, un amigo en común le pidió al arzobispo el texto que pronunció en su primera visita, en el año 2004. El cardenal se la regaló enmarcada y firmada, con la siguiente frase: «La primera vez que un cardenal predica en un *slijo* en la Argentina». Skorka contó que «la prédica consistía en reflexiones de un hermano menor hacia sus hermanos mayores», en sintonía con la definición que había sentenciado Juan Pablo II.

De la amistad y del mutuo compromiso surgieron un libro —para el que se reunían invariablemente en la Curia o en la sinagoga—, y el programa de televisión *Biblia, diálogo vigente,* que hasta febrero de 2013 producía el Canal 21 del Arzobispado de Buenos Aires, en el que ambos dialogaban sobre temas referidos a la problemática del hombre y a cuestiones religiosas, sin escaparle a temas conflictivos, como la ley del matrimonio entre personas del mismo sexo, el aborto, la falta de fe, el diálogo. Allí, las coincidencias y los disensos se expresaban sin estridencias, con el aporte de Marcelo Figueroa, laico protestante de la Iglesia Presbiteriana de San Andrés, en un clima de reflexión y profunda armonía.

Bergoglio invitó también a Skorka a dar clases a seminaristas y le pidió que prologara uno de sus libros. Además, en 2012 la Universidad Católica Argentina (UCA) le concedió al rabino el doctorado *honoris causa* por la contribución a la cultura en el país, la primera distinción que la Iglesia le otorga a un rabino. «Para mí, eso salió del corazón y la mente de Francisco. Fue un abrazo que me emocionó hasta las lágrimas», dijo convencido Skorka, a quien en Israel ya lo llaman «el rabino del Papa».

Lo más emocionante para Skorka, sin embargo, llegó el 18 de marzo de 2013, a las tres y media de la tarde, cinco días después de la elección de Francisco, cuando sonó el teléfono en la casa del rabino. Atendió y del otro lado se escuchó: «Habla Bergoglio».

«No dijo el Papa. Ahora que el mundo elevó su autoridad, él elevó su humildad. Lo consideré un signo de amistad, de diálogo, hablamos acerca de los signos de Dios y del significado del liderazgo espiritual, temas que en la intimidad habíamos charlado, y cómo Dios lo puso a él en este momento en una posición de liderazgo», reveló el rabino. «Le pregunté si todavía tenía la agenda vieja y, sin darle tiempo a que me respondiera, le dije: "¿Usted se acuerda que teníamos que grabar el próximo programa? ¿Recuerda cuál era el tema?" E inmediatamente, sin dejarme decir nada, me contestó: "Sí, la amistad"», contó.

«Como disculpándose, me dijo: "Me agarraron aquí y no me dejan volver"», agregó Skorka, al detallar un diálogo increíble.

SIETE

El desembarco en las villas. La lucha contra el crimen organizado, el narcotráfico y la trata de personas. El combate a la pobreza

SIETE

«La Madre Teresa de Calcuta no se propuso darles de comer a millones de personas ni construir 100 casas, sino ayudar hoy a uno, mañana a otro... dando pasos concretos, con nombre y apellido». Esa premisa se hace realidad en las parroquias y capillas de villas y barrios populares de la Argentina, donde 5 millones de personas, de las cuales el 48% son niños y adolescentes, pelean diariamente a brazo partido para sobrellevar las urgencias más extremas. En sus quince años como arzobispo de Buenos Aires, Jorge Bergoglio apoyó decididamente el trabajo de los sacerdotes en los barrios populares, que con su propio cuerpo ponen una barrera al avance de la droga, el narcotráfico, la trata de personas, el trabajo esclavo, el crimen organizado, el desempleo y las más variadas formas de miseria y exclusión.

La droga y el «paco» causan destrozos y consumen vidas. Como toda realidad humana, las historias que esconde la Villa 21, del barrio de Barracas, que el papa Francisco visitaba con frecuencia cuando estaba en Buenos Aires, pueden ser contadas desde las carencias, los peligros y las tragedias que todos los días alimentan el sufrimiento y el sacrificio de muchas familias, pero también desde los esfuerzos valiosos e inagotables que la comunidad realiza por construir lazos de solidaridad y mirar para adelante. Al margen del freno a la violencia y el cese de la pobreza, los reclamos apuntan a propiciar una efectiva integración sociourbana, un descenso concluyente de la pobreza y la asistencia a la población marginada con el acceso al agua, cloacas, luz, calefacción, veredas, parques, centros comunitarios, clubes y parroquias. El propio Francisco sumó su voz a estas demandas. Lo resume en una frase: «Ninguna persona, sobre todo ningún niño, puede ser una mercancía fungible en manos de los traficantes de la muerte».

El padre «Toto» (Lorenzo de Vedia), junto con Facundo Ribeiro y Jesús Carides, trabaja sin descanso y lleva adelante en la parroquia Virgen de los Milagros de Caacupé las obras de asistencia, formación y promoción humana que ayudan a muchos chicos, jóvenes y mayores a salir a flote. Les hacen ver, pese a las dificultades, que para quienes transitan sus vidas en la periferia también hay una luz de esperanza y un proyecto de vida por descubrir. Los curas siguen la ruta trazada allí desde fines de los años noventa por el padre José María «Pepe» Di Paola, quien continuó más tarde su obra en Santiago del Estero, con un paso por la Villa La Cárcova, en José León Suárez, una población vulnerable del conurbano bonaerense. Ya en 2009, los curas villeros denunciaron que la droga en las villas estaba despenalizada de hecho. El cóctel de la crisis social se completa con la falta de trabajo, la emergencia alimentaria y la destrucción de los tejidos sociales, entre otras dolorosas carencias.

Todos son herederos de la visión y el esfuerzo del padre Daniel de la Serna, que en 1976 comenzó a transitar la misma senda en el basural de Barracas, recorriendo el barrio en bicicleta, hasta que un accidente truncó su arriesgada misión pastoral. Y se sostienen, también, en la memoria del padre Carlos Mugica, el sacerdote procedente de una familia de clase media alta que en la cruenta década del 70, cuando la violencia desenfrenada dominaba la vida política en la Argentina, dejó todo para ser la voz y los oídos de los abandonados de la Villa 31, en el barrio de Retiro. Fue acribillado el 11 de mayo de 1974 por la Triple A, cuando había terminado de celebrar misa en San Francisco Solano. Cayó y dejó este mundo en las calles y en los brazos de sus amigos más fieles.

Veinticinco años después, en octubre de 1999 y en una de sus primeras acciones como arzobispo, Bergoglio encabezó la procesión que llevó a pulso los restos del padre Mugica desde la bóveda familiar del cementerio de Recoleta a la parroquia Cristo Obrero, en la Villa 31, donde había ejercido su apostolado. El padre Guillermo Torre, de esa parroquia, presentó la inquietud al arzobispo jesuita, quien dio el visto bueno y se encargó personalmente de los trámites familiares, civiles y administrativos. En la misa, frente a la multitud reunida en el barrio, Bergoglio rezó por «los asesinos materiales, por los ideólogos del crimen del padre Carlos y por los silencios cómplices de gran parte de la sociedad y de la Iglesia». En 1994, al cumplirse veinte años del brutal crimen del sacerdote, se realizó un homenaje, al que intentó sumarse el ex líder guerrillero Mario Firmenich, uno de los fundadores de Montoneros y claro responsable del baño de sangre que inundó a la Argentina en los años 70. «Le voy a pedir que se retire, porque nos está ofendiendo con su presencia. Usted es un hombre que hizo mucho daño en el país, le pido por favor que se retire», le dijo con voz firme Marta Mugica, hermana del sacerdote, al jefe montonero, al echarlo del lugar.

Además de celebrar, en marzo de 2013, la elección de Francisco, a quien identificaban como el cura que los visitaba para compartir un mate, las familias y referentes religiosos de las villas y barrios populares se ubican en la primera línea de defensa de su pontificado, frente a las críticas que con el tiempo partieron desde la Argentina hacia el pontífice, en medio de la grieta que a partir del gobierno del matrimonio Kirchner divide a la sociedad. El extremo se vivió en septiembre de 2023, cuando los curas de las villas y barrios populares oficiaron una misa de desagravio a Francisco, a raíz de los feroces ataques del entonces candidato presidencial Javier Milei, quien más de una vez definió al Papa en forma categórica como «el representante del maligno en la Tierra», y afirmó que «la justicia social es un robo».

«Yo lo conocí a Bergoglio. Para nosotros siempre fue un cura más», dijo orgullosa Ofelia Teresa Álvarez. Todos en la villa tienen algún recuerdo, algún testimonio con Francisco y eso los colma de felicidad. Siempre lo sintieron como propio. «Unos días antes de irse a Roma pasó por acá. Venía a ver cómo estábamos. Yo vivo y cuido el Hogar de Abuelos», explicó Ofelia, mientras se paseaba por las calles polvorientas de la villa, a orillas del Riachuelo, uno de los cursos de agua más sucios y contaminados de la zona. El Hogar de Abuelos es una de las tantas instituciones que los curas de la Villa 21 crearon y sostuvieron para ayudar a la gente a encontrar ámbitos de contención en los momentos difíciles.

Allí se pusieron en marcha los Hogares de Cristo, que son centros barriales que tienen la finalidad de dar una respuesta integral a situaciones de vulnerabilidad social y consumos problemáticos, y que ponen en primer lugar a la persona. Funciona, además, un colegio secundario de gestión social, la primera experiencia educativa en zonas de contextos desfavorables. La mayoría de los jóvenes egresados son el primer miembro de su familia en terminar la enseñanza media. «Pude seguir porque mi mamá me cuidaba los chicos», explicó Natalí Guerreño, al describir la realidad de las madres solteras, muy dura en los barrios de alta vulnerabilidad.

Son signos de vida que se respiran en un ambiente viciado por la pobreza y la exclusión, como en las villas de otros barrios, donde la Iglesia es una de las pocas instituciones sociales presentes las veinticuatro horas del día. Lo mismo ocurre en el Barrio Ricciardelli, de Flores (ex Villa 1-11-14, que adoptó el nombre del cura Rodolfo Ricciardelli, fallecido en 2008), cerca de la cancha del club San Lorenzo, donde los padres Pedro Cannavó, Federico Ortega y Eduardo Giardello siguen la obra emprendida en la parroquia Santa María Madre del Pueblo por monseñor Gustavo Carrara, referente de los curas villeros y a quien Francisco nombró arzobispo de La Plata en diciembre de 2024. Sostienen la obra pastoral en la Villa 31, transitada hace cincuenta años por el padre Mugica, los sacerdotes Ignacio Bagattini y Agustín López Solari.

Otros referentes de los curas de villas y barrios populares son Nicolás Angellotti, que se multiplica para atender las demandas sociales en los asentamientos Puerta de Hierro, San Petersburgo, 17 de Marzo y 17 de Marzo Bis en La Matanza; Carlos Olivero, en Villa Palito, y Guillermo Torre en el barrio Nicol, en Gregorio de Laferrère. La tarea desplegada por la Iglesia de Buenos Aires se extiende a otros barrios de emergencia, como las villas 20, de Villa Lugano; 15, de Mataderos (conocida como «Ciudad Oculta»); Rodrigo Bueno, a la vera del barrio Puerto Madero, uno de los más exclusivos de la ciudad.

El plantel de sesenta curas villeros en el área metropolitana de Buenos Aires intensificó su trabajo a partir de la línea pastoral del padre Bergoglio, que se acercaba a los barrios en transporte público. Muchos de ellos trabajan en la arquidiócesis de Buenos Aires, conducida por el arzobispo Jorge Ignacio García Cuerva, que tiene un amplio recorrido por villas de las zonas de San Isidro y Tigre.

«La presencia de los curas en las villas viene de la década del 70. Cuando Bergoglio llegó al Arzobispado de Buenos Aires empezó a tener más acercamiento a esta realidad y apoyó muchísimo la tarea de los sacerdotes. En poco tiempo se duplicó la cantidad de curas presentes en las parroquias de las villas. Muchas eran simples capillas y se convirtieron en parroquias, con una actividad muy intensa», explicó el padre Toto, al dar una dimensión de la tarea que afrontan cotidianamente los sacerdotes. Bergoglio visitaba la Villa 21 varias veces por año y nunca faltaba el 8 de diciembre, el Día de la Inmaculada Concepción y fecha en la que la comunidad del barrio, en su mayoría de origen paraguayo, celebra la festividad de Nuestra Señora de Caacupé, la Madre que los protege.

Una de las características más conocidas de Francisco es su acercamiento a los sacerdotes, a quienes se empeña en ayudar especialmente en cuestiones personales, en momentos de flaqueza, con una actitud muy paternal. Acompañaba la tarea pastoral, y un ejemplo palpable es el crecimiento de los Hogares de Cristo, centros de recuperación de adictos, en los que profesionales, sacerdotes y voluntarios comparten horas con jóvenes que quieren volver a la vida. El impacto de la droga es tremendo y se verifica en una simple recorrida. También hay gente que vive en la calle. Pero no en las calles de los barrios acomodados, sino en las de la propia villa, en el umbral del subsuelo más profundo. El Papa conoció de cerca esta realidad por haberla transitado con sus curas. La asistencia en situaciones límite —desde buscar un auto para llevar a un joven herido en un enfrentamiento o conseguir una medicación hasta llevar a internar a una mujer gravemente enferma o buscar dónde velar a un vecino fallecido— no hace bajar los brazos a los curas, que se mezclan con la gente y participan de las mismas tristezas y alegrías.

Las viviendas precarias de la Villa 21 se extienden a las de la vecina Villa 24 y al llamado Núcleo Habitacional Zabaleta. El padre Toto contó que Bergoglio acompañó a los curas villeros con una colaboración efectiva, apoyando los proyectos, ayudando a conseguir fondos y favoreciendo la viabilidad de los programas de asistencia. «Un apoyo muy fuerte. Acá lo conocieron y siempre lo valoraron, muchos tienen fotos con él en sus casas, ha venido a comer con ellos a la parroquia. Estuvo mucho con los jóvenes», señaló el sacerdote, que sintió el respaldo permanente del papa argentino en su acción pastoral.

Antes de la llegada de Bergoglio, los obispos no recorrían, en general, las parroquias de las villas. Había un distanciamiento, tanto de la jerarquía como de los propios curas y la comunidad. El cambio coincidió con el arribo del padre Pepe a Barracas, que poco a poco se ganó la confianza de la gente y se convirtió en su principal referente ante los problemas cotidianos con los que convivían.

Los sacerdotes se mueven en comunidad y están integrados. «Quincenalmente nos reunimos los curas de las villas, y también lo hacíamos con Bergoglio, que siempre estuvo dispuesto a atendernos», contó el padre Toto, a quien le tocó llamar por teléfono al cardenal por un asunto de la parroquia dos horas antes de que viajara a Roma para participar del cónclave.

La contracara de la solidaridad entre los vecinos es la droga. Así lo denunciaron en marzo de 2009 los curas que integran el Equipo de Sacerdotes para las Villas de Emergencia, que Bergoglio jerarquizó y priorizó cinco meses después, al darle rango de Vicaría Episcopal. «Entre nosotros, la droga está despenalizada de hecho. Se la puede tener, llevar, consumir, sin ser prácticamente molestado. Habitualmente, ni la fuerza pública ni ningún organismo que represente al Estado se mete en la vida de estos chicos, que tienen veneno en sus manos», denunciaron los sacerdotes.

Respondieron, además, a la confusión que suele responsabilizar a la villa del problema de la droga y la delincuencia. Y explicaron: «El problema no es la villa, sino el narcotráfico. La mayoría de los que se enriquecen con el narcotráfico no vive en las villas, en estos barrios donde se corta la luz, donde una ambulancia tarda en entrar, donde es común ver cloacas rebalsadas. Otra cosa distinta es que el espacio de la villa —como zona liberada— resulte funcional a esta situación». Añadieron, así, que los jóvenes son las primeras víctimas de esa despenalización de hecho.

Al graficar cómo se vive esta realidad en las villas, los curas describieron el siguiente panorama: «La destrucción pasó como un ciclón por las familias, donde la mamá perdió hasta la plancha porque su hijo la vendió para comprar droga. Estas familias deambularon por distintas oficinas del Estado sin encontrar demasiadas soluciones, año a año. Toda la familia queda golpeada porque su hijo está todo el día en la calle consumiendo».

Los sacerdotes denunciaron que «la despenalización de hecho generó inseguridad social. La raíz de la inseguridad social hay que buscarla en la insolidaridad social». Al acompañar a «los niños, adolescentes y jóvenes, que en gran cantidad se encuentran en este infierno de la droga», exhortaron a «la conversión de los que pisotean la dignidad de los mismos en esta inescrupulosa manera, avisándoles que Dios y la Virgen les van a pedir cuentas».

Mientras en el campo político distintos funcionarios, dirigentes y agrupaciones se enredan en discusiones acerca de la conveniencia de despenalizar el consumo de drogas, los sacerdotes de las villas llamaron a una reflexión inmediata. «Ministros y jueces, ¿conocen la situación en nuestros barrios? ¿Han dialogado con el hombre común de la villa? ¿Se han sentado a elaborar con ellos proyectos liberadores —la droga esclaviza— o simplemente se piensa en implementar recetas de otras latitudes?».

Esta lapidaria denuncia, que fue apoyada ampliamente por Bergoglio, derivó en una fuerte amenaza que sufrió el padre Pepe, cuando transitaba en bicicleta rumbo a la villa el lunes 20 de abril de 2009. «Rajate de acá. Vas a ser boleta», le advirtió con cara de pocos amigos un hombre que no se dejó ver el rostro en la oscuridad de la calle. «Cuando esto de la droga pase de estar en la televisión vas a ser boleta. Te la tienen jurada», le gritó, mientras se retiraba.

La denuncia fue revelada públicamente por el cardenal Bergoglio dos días después, al presidir la tradicional misa por la educación, en la Catedral. El arzobispo le dio un amplio respaldo y el padre Pepe permaneció en la parroquia, sin abandonar ninguno de los proyectos que tenía en marcha, hasta diciembre de 2010, cuando partió a una misión en el paraje Campo Gallo, en Santiago del Estero. «Sabemos que estas amenazas no son chaucha y palitos... No sabemos en qué van a terminar», dijo el arzobispo al finalizar la misa, ante más de 2000 alumnos de colegios católicos porteños. En la homilía había dicho: «La propuesta de la droga... no tienen idea de lo grave que es esta propuesta tenebrosa, esta corrupción que llega incluso a repartirse en las esquinas de las escuelas». Y llamó a defender «la cría», en alusión a los curas que entregan sus vidas en las villas y que él siente como hijos propios.

La acción pastoral para contrarrestar las terribles consecuencias de la droga y el narcotráfico se entrecruzan con la infatigable prédica del Papa contra el trabajo esclavo y la trata de personas. Es muy recordada la homilía que pronunció el 23 de septiembre de 2011, en una misa celebrada en la Plaza Constitución, una de las zonas más afectadas por el comercio y la explotación de personas. Allí denunció la corrupción como un mal endémico y advirtió que «la coima favorece la trata de personas con fines de explotación sexual y laboral». En un lenguaje claro, afirmó que «es un cuento chino que se abolió la esclavitud en la ciudad de Buenos Aires» y expresó su malestar porque «se cuida mejor a un perro que a nuestros hermanos».

«Jesús viene a decir hoy que está con los hermanos y hermanas nuestros que en esta ciudad de Buenos Aires viven esclavizados. Ustedes me podrán decir: "Pero, Padre, usted siempre dice lo mismo…". Y sí, mientras en Buenos Aires haya esclavos, ¡voy a decir lo mismo! En el colegio nos enseñaron que la esclavitud estaba abolida, pero ¿saben qué es eso? ¡Un cuento chino! Porque en esta ciudad de Buenos Aires la esclavitud no está abolida; en esta ciudad la esclavitud está a la orden del día bajo diversas formas; en esta ciudad se explota a trabajadores en talleres clandestinos y, si son inmigrantes, se los priva de la posibilidad de salir de ahí. ¡En esta ciudad hay chicos en situación de calle desde años! No sé si hay más o menos, pero hay muchos, y esta ciudad fracasó y sigue fracasando en liberarlos de esta esclavitud estructural que es la situación de calle», dijo el cardenal a viva voz.

Bergoglio venía de reunirse con la señora Susana Trimarco, madre de Marita Verón, una joven que fue robada por tratantes y sometida a trabajar en prostíbulos. Producto de su acción individual y sus reclamos en busca de su hija, que nunca apareció, logró liberar a otras 129 chicas. «En esta ciudad hay muchas chicas que dejan de jugar con muñecas para entrar en el tugurio de un prostíbulo porque fueron robadas, fueron vendidas, fueron traicionadas», advirtió el arzobispo.

OCHO

El jefe de la Iglesia argentina ve la represión desde su ventana. La relación traumática con Néstor y Cristina Kirchner. Una despedida peronista. Un rumor que nace

No hacía falta mirar por la ventana para advertir el horror. Los gritos, golpes, corridas y gases lacrimógenos se sentían en la Plaza de Mayo y llegaban hasta el segundo piso de Rivadavia 415, al lado de la Catedral, donde el arzobispo de Buenos Aires percibía que la crisis había dado paso al estallido. Era el jueves 20 de diciembre de 2001 y el gobierno de Fernando de la Rúa se deshacía en la Argentina en medio de una represión brutal, ante la incapacidad de prever situaciones dramáticas que ya se percibían desde el día anterior. Desde su ventana, el cardenal Jorge Bergoglio sintió los estruendos y la profundidad del abismo con sus propios sentidos. Hasta su cuarto llegaban el humo y el olor nauseabundo de la represión. A través del vidrio vio —no se lo contaron— cómo una señora era golpeada por agentes policiales. Tomó el teléfono y habló al Ministerio del

Interior, que desde la Casa Rosada —distante poco más de 50 metros— organizaba y monitoreaba el operativo policial. Lo atendió el secretario de Seguridad, Enrique Mathov, a quien los acontecimientos ya lo superaban, y le pidió por favor que detuviera la represión generalizada y que la policía supiera distinguir entre los activistas y los simples ahorristas que habían ido a protestar a la Plaza.

Una semana antes, el Episcopado, donde Bergoglio ocupaba la vicepresidencia segunda, había reclamado un «sincero diálogo entre los argentinos». Con un lenguaje que dejaba traslucir su prolija intervención en el texto, la comisión permanente del organismo señaló, en un dramático llamado a la concordia, que «para superar esta crisis moral es necesario no mentirle a la gente con promesas que no se habrán de cumplir y obrar con absoluta honestidad, para que el robo y la coima desaparezcan del escenario de la vida política y económica». Bergoglio integraba la conducción del Episcopado junto con los arzobispos Estanislao Karlic (presidente) y Eduardo Mirás (vicepresidente primero). Y antes de que la multitud gritara en la calle «que se vayan todos», Bergoglio y los obispos habían advertido que «la clase dirigente debe dar ejemplo de compartir los sacrificios del pueblo renunciando a los privilegios que lo ofenden y empobrecen».

La Iglesia llamaba, así, a comprender que «el ejercicio de la política debe ser un noble, austero y generoso servicio a la comunidad y no un lugar de enriquecimiento personal o sectorial». Y también señalaba que «el poder económico no puede destruir con voracidad insaciable la salud y el nivel de vida de nuestros hermanos», en los momentos previos a que muchos argentinos quedaran literalmente en la calle confeccionando el más pobre mapa social que el país haya diseñado en décadas.

Las restricciones económicas fueron el detonante, pero el quebrantamiento político y social se arrastraba desde el año anterior, tras la renuncia del vicepresidente Carlos «Chacho» Álvarez, que se fue del gobierno por sus denuncias sobre sobornos en el Senado.

En los dos tedeums que compartió con Bergoglio en la Catedral, De la Rúa recibió críticas como responsable de una situación política que se deterioraba. En mayo del año 2000, el arzobispo predicó que «el poder es servicio, solo tiene sentido si está al servicio del bien común». Doce meses después, el diagnóstico fue más inquietante. «El sistema ha caído en un amplio cono de sombra: la sombra de la desconfianza. Y algunas promesas y enunciados suenan a cortejo fúnebre: todos consuelan a los deudos pero nadie levanta al muerto».

Consumada la crisis, el presidente De la Rúa se fue de la Casa Rosada en helicóptero, mientras su gobierno había quedado desparramado en los sangrientos episodios que inundaron las calles. Tras los signos de inestabilidad y la sucesión de presidentes interinos, el llamado de la Iglesia a la cordura se materializó en la convocatoria a la Mesa del Diálogo Argentino, que acordaron el nuevo presidente, Eduardo Duhalde, y monseñor Karlic, como titular del Episcopado. El encargado de reconstruir los lazos de una sociedad herida y partida en mil pedazos fue el obispo de San Isidro, monseñor Jorge Casaretto, que promovió el acercamiento de sectores políticos y de la sociedad civil, lo que contribuyó a superar en parte la crisis, a pesar de las dificultades. Trabajó codo a codo con los obispos Juan Carlos Maccarone (Santiago del Estero), Artemio Staffolani (Río Cuarto) y Agustín Radrizzani (por entonces obispo de Lomas de Zamora). Bergoglio siguió de cerca ese proceso con continuos llamados a la pacificación y a la participación. «La Argentina llegó al momento de una decisión crítica, global y fundante, que compete a cada uno de sus habitantes: la decisión de seguir siendo un país, aprender de la experiencia dolorosa de estos años e iniciar un camino nuevo, o hundirse en la miseria, el caos, la pérdida de valores y la descomposición como sociedad», dijo en su mensaje a la comunidad educativa, en abril de 2002, cuando llamó al país a encontrar su dignidad.

Había pasado un año bastante ajetreado. Lejos quedaba ya el 22 de febrero de 2001, cuando el papa Juan Pablo II lo nombró cardenal, en una decisión que confirmó su posición de liderazgo en la Iglesia argentina y que constituyó el primer paso para su inserción en el escenario eclesiástico internacional. El birrete rojo que simboliza la dignidad cardenalicia le fue entregado por el pontífice polaco en una sobrecogedora ceremonia doblemente feliz para los argentinos. En la misma jornada también fue proclamado cardenal el arzobispo argentino Jorge Mejía, en ese momento director del Archivo y Biblioteca de la Santa Sede. Ambos recibieron de manos del Santo Padre el anillo que los liga a la sede apostólica, con palabras «muy lindas y alentadoras», según describió el propio Bergoglio poco después a la corresponsal del diario *La Nación* en Roma, Elisabetta Piqué. Como varias veces describió la periodista en otras crónicas, ni siquiera en esa instancia Francisco dejó de lado sus firmes principios de austeridad. Llegó a la ceremonia caminando, acompañado por el padre Guillermo Marcó, con un sobretodo negro para no lucir su flamante hábito púrpura, cuando la mayoría de sus pares lo había hecho en amplias comitivas. Enemigo de las ostentaciones, el arzobispo argentino no mandó comprar una vestimenta nueva, acorde con la trascendencia de su nombramiento como cardenal, sino que ordenó arreglar la que usaba su antecesor Quarracino. Pidió, incluso a obispos, sacerdotes y fieles de su país que no viajaran a Roma para la ceremonia y donaran el costo del viaje a una entidad de beneficencia. El mismo gesto que repitió doce años más tarde cuando fue elegido Papa.

Junto a Bergoglio y Mejía, ante unas 40.000 personas, recibieron ese día la distinción cardenalicia otros 42 purpurados de 26 países. Entre ellos, el entonces arzobispo de San Pablo, Claudio Hummes, que luego presidió la Congregación Pontificia para el Clero y jugó un papel fundamental en la elección del nombre del papa Francisco: sentado a su lado en el cónclave, apenas fue proclamado, lo abrazó, lo besó y le recordó al oído que «no se olvidara de los pobres». Otros prelados convertidos ese día en cardenales fueron el italiano Giovanni Batista Ré, que presidía la Congregación para los Obispos; el vietnamita François Xavier Van Thuan, que conducía la Comisión Justicia y Paz; el polaco Zenon Grocholewski, principal responsable del área de Educación en el Vaticano; el indio Iván Dias, arzobispo de Bombay; el hondureño Oscar Rodríguez Maradiaga, arzobispo de Tegucigalpa; el peruano Juan Luis Cipriani, arzobispo de Lima y perteneciente al Opus Dei, y el alemán Walter Kasper, secretario del Consejo Pontificio para la Unidad de los Cristianos, entre otros nuevos purpurados. Juan Pablo II, que iba a cumplir 81 años y ya sufría el mal de Parkinson, iba definiendo la conformación del Colegio de Cardenales que iba a elegir a su sucesor. Los únicos en condiciones de votar que no habían sido designados por él eran el alemán Joseph

Ratzinger, su estrecho colaborador en la Congregación de la Doctrina de la Fe, que había sido convertido en cardenal por Pablo VI en 1977, cuando era arzobispo de Munich, y el norteamericano William Wakefield Baum, director de la Penitenciaría Apostólica.

El largo pontificado de Juan Pablo II había atravesado ya los escenarios internacionales de la guerra fría, la disolución de la Unión Soviética y la globalización. Quedaba espacio para un acontecimiento más: los atentados del 11 de septiembre de 2001. El Papa condenó el ataque y toda forma de violencia, pero mantuvo su prédica en favor de la paz y de la política del diálogo y el entendimiento, y se opuso a la guerra emprendida por el presidente de Estados Unidos, George W. Bush, contra el régimen de Irak. No era por compromisos con el dictador laico Saddam Hussein, sino que, como explica el catedrático Andrea Riccardi, fundador de la Comunidad de San Egidio, en una biografía sobre Juan Pablo II, una ofensiva bélica pondría en peligro a los cristianos en Medio Oriente. Se fortalecieron en ese tiempo desde el Vaticano los llamados a la paz en el concierto internacional.

En ese difícil contexto mundial, Juan Pablo II convocó a los obispos del continente americano a Roma para que deliberaran en un Sínodo, sobre la «misión del obispo como servidor del Evangelio de Jesucristo para la esperanza del mundo». El Sínodo es una institución creada por el papa Pablo VI en 1965, en respuesta a la creciente inquietud por mantener vivo el espíritu de colegialidad surgido en el Concilio Vaticano II. Es un órgano de consulta que el Papa convoca periódicamente para discutir cuestiones de la Iglesia universal y en ese momento el tema a debatir era la misión de los obispos en el mundo. Lejos de constituir un asunto de consumo interno para la Iglesia, la colegialidad episcopal tiene efectos en la mirada del hombre común. Entra siempre en tensión con el predominio de la exclusiva dependencia directa de los obispos respecto de Roma. Se trata de dos platos de una balanza en la concentración de poder en el gobierno de la Iglesia. Según se incline el platillo en favor de uno u otro lado, pesará más el espíritu colegiado de los obispos (léase los pronunciamientos de los episcopados) o el vínculo que individualmente un obispo tiene con la Santa Sede, lo que favorece el poder de la Curia Romana.

El Sínodo se llevó adelante entre el 30 de septiembre y el 17 de octubre de 2001, en el Vaticano. En el medio se cumplió un mes de los atentados a las Torres Gemelas, lo que impidió la participación del arzobispo de Nueva York, Edward Egan, que debió regresar a su país. Su lugar como relator general del encuentro fue ocupado —a raíz de una decisión del Papa— por el arzobispo Bergoglio, que se destacó particularmente en la tarea de síntesis y en la proposición de enfoques a la hora de abordar distintos temas. Los medios internacionales coincidieron en que el cardenal argentino causó una muy buena impresión, incluso, en la Sala de Prensa del Vaticano, al informar sobre los temas tratados.

«La fuerza de la Iglesia está en la comunión; su debilidad, en la división y la contraposición», dijo Bergoglio, pocos años antes de que la aparición de escándalos, como el encubrimiento de casos de pedofilia y manejos financieros poco claros en la propia Santa Sede, produjeran divisiones y una crisis profunda en el seno de la Iglesia. Airoso en sus intervenciones, se asomó sin proponérselo a una plataforma que proyectó su figura, como quedó comprobado en el cónclave de 2005, cuando se eligió al sucesor de Juan Pablo II, y con más intensidad, en la elección de marzo de 2013, cuando él mismo fue consagrado pontífice. El crecimiento de su figura quedó reflejado luego del Sínodo en la prensa internacional. Un artículo de *L'Espresso*, entre otros medios italianos y europeos, comenzó a mencionarlo como posible sucesor de Juan Pablo II.

El Sínodo de Obispos terminó en octubre de 2001, casi en coincidencia con la crisis política, institucional y social que sacudió a la Argentina y dejó postrados a muchos de sus habitantes. El día anterior a la caída del Gobierno, Bergoglio participó de una jornada con dirigentes políticos y sociales, convocada por el área de Pastoral Social, en la que llamó a la concertación y revalorizó la vocación política como «una actividad noble y casi sagrada, que puede ayudar al crecimiento del bien común».

«La política no es solamente para gerenciar crisis. Eso puede ser verdad momentáneamente, pero no puede reducirse a eso», advirtió, al destacar el ejercicio de la transversalidad como un método político, que exige diálogo. «A veces tenemos que apagar un incendio, pero la vocación del político no es ser bombero. La política es para crear, para fecundar», precisó.

Superada la emergencia institucional, luego de que la Argentina tocara fondo en diciembre de 2001, el gobierno de Eduardo Duhalde navegaba entre administrar la transición y soñar con la permanencia. Un mes antes de que la muerte de dos militantes piqueteros —Maximiliano Kosteki y Darío Santillán— por la policía bonaerense pusiera fin a las pretensiones de perpetuidad de sectores del gobierno, el cardenal Bergoglio le puso un freno a Duhalde en el tedeum del 25 de Mayo de 2002. En su homilía, dijo: «Hoy como nunca, cuando el peligro de la disolución nacional está a nuestras puertas, no podemos permitir que nos arrastre la inercia, que nos esterilicen nuestras impotencias o que nos amedrenten las amenazas […] No retornemos a la soberbia de la división centenaria entre los intereses centralistas, que viven de la especulación monetaria y financiera, como antes del puerto, y la necesidad imperiosa del estímulo y promoción de un interior condenado ahora a la *curiosidad turística*. Que tampoco nos empuje la soberbia del internismo faccioso, el más cruel de los deportes nacionales, en el cual, en vez de enriquecernos con la confrontación de las diferencias, la regla de oro consiste en destruir implacablemente hasta lo mejor de las propuestas y logros de los oponentes».

«Que no sigamos revolcándonos en el triste espectáculo de quienes ya no saben cómo mentir y contradecirse para mantener sus privilegios, su rapacidad y sus cuotas de ganancia mal habidas, mientras perdemos nuestras oportunidades históricas, y nos encerramos en un callejón sin salida. Como Zaqueo, hay que animarse a sentir el llamado a bajar: bajar al trabajo paciente y constante, sin pretensiones posesivas sino con la urgencia de la solidaridad», añadió el arzobispo de Buenos Aires.

Con un creciente liderazgo, el arzobispo jesuita consolidaba su posición en la Iglesia argentina sin quemar etapas. Cuando algunos lo señalaban como sucesor de monseñor Karlic en la presidencia del Episcopado, que se renovó en diciembre de 2002, dejó ese lugar al arzobispo Mirás para los siguientes tres años y él ocupó la vicepresidencia primera. Se formó una cúpula homogénea, en sintonía con el estilo de apertura al diálogo y enemigo de la estridencia que Karlic había impuesto con autoridad y mesura en el Episcopado seis años antes.

Con un perfil que algunos asocian más a un monje que a un misionero, mantuvo su estilo sobrio en los modales, pero punzante y firme a la hora de defender los principios y valores cristianos. Bergoglio tuvo una relación tirante con el gobierno de Néstor Kirchner, que lo vinculó con la oposición. Los enfrentamientos se dieron especialmente en cuestiones vinculadas con las advertencias sobre los efectos de la pobreza y otros temas que la Iglesia abordó desde la perspectiva moral, como el aborto y la ley del matrimonio entre personas del mismo sexo.

Con visiones opuestas, ambos reivindicaron de alguna manera su identificación con el pueblo. Kirchner lo hizo desde una perspectiva decididamente populista, que potenció luego su esposa y sucesora, Cristina Fernández de Kirchner. El arzobispo y futuro papa Francisco recurrió reiteradamente a la figura de «pueblo» y «patria» para ponerlos en orden a la construcción de una nación, con una identidad y objetivos compartidos. El mismo día de la asunción de Kirchner llamó a «ponerse la patria al hombro» y advirtió que «los tiempos se acortan».

El primer cortocircuito con Kirchner fue en el tedeum de 2004, un año después de la asunción del presidente argentino, cuando Bergoglio dijo: «Nuestro pueblo no cree en las estratagemas mentirosas y mediocres. Tiene esperanzas pero no se deja ilusionar con soluciones mágicas nacidas en oscuras componendas y presiones del poder. No lo confunden los discursos, se va cansando de la narcosis del vértigo, el consumismo, el exhibicionismo y los anuncios estridentes». Y pidió «dejar de lado las luchas internas».

Con la bandera de los derechos humanos, el gobierno argentino intentó identificar a sectores de la Iglesia con la dictadura militar. Al margen de las denuncias que acusaban al arzobispo de complicidad con el poder de facto a raíz de la desaparición de dos sacerdotes jesuitas, promovidas por sectores afines al kirchnerismo, ambos compartieron el 11 de abril de 2006, el martes de la Semana Santa, una misa en la iglesia San Patricio, de Belgrano, para recordar a los sacerdotes palotinos Alfredo Kelly, Pedro Dufau y Alfredo Leaden y los seminaristas Salvador Barbeito y Emilio Barletti, masacrados por la dictadura militar en la casa parroquial el 4 de agosto de 1976. Bergoglio fue más allá y promovió el comienzo del proceso canónico en la arquidiócesis para que sean declarados mártires. Además de haber sido prácticamente la única misa del arzobispo porteño a la que asistió Kirchner, ambos quedaron impactados al ver las perforaciones de las balas que quedaron en la alfombra sobre la cual mataron a los curas, expuesta en la casa parroquial

Las disidencias se profundizaron por los amagos de funcionarios y legisladores kirchneristas para instalar el debate sobre la despenalización del aborto. Una derivación de peso en ese conflicto enfrentó al gobierno argentino con la Santa Sede, por la decisión de Kirchner de eliminar el obispado castrense, a raíz de comentarios descalificadores del obispo titular, monseñor Antonio Baseotto, hacia el ministro de Salud, Ginés González García, que defendía la validez del aborto. En febrero de 2005, en una carta enviada al ministro, el obispo había citado la frase bíblica en la que dice «los que escandalizan a los pequeños merecen que les cuelguen una piedra de molino al cuello y los tiren al mar».

Al suceder a su esposo, Cristina Kirchner heredó también el enfrentamiento con el jefe de la Iglesia argentina. Ello quedó manifestado claramente con la decisión de la Presidenta de promover la celebración en el interior del país del tedeum oficial correspondiente a la fecha patria, con la intención de evitar las homilías del futuro papa Francisco en la Catedral metropolitana. La sanción de la ley del matrimonio de personas del mismo sexo, impulsada por el gobierno y votada por el propio Kirchner en su carácter de diputado nacional en julio de 2010, fue la expresión más alta del enfrentamiento.

La relación entre el gobierno de Cristina Kirchner y Bergoglio se mantuvo distante y fría, aún después de la muerte de Néstor Kirchner, el 27 de octubre de 2010, ocasión en la que el cardenal ofició una misa en la Catedral, en la que llamó a «deponer antagonismos y banderías».

Al conocer la noticia del fallecimiento del ex presidente, Bergoglio le informó a su asistente de prensa, Federico Wals, la decisión de oficiar una misa en su memoria. «Por favor, avisá a los medios e invitá a los periodistas porque es lo que corresponde», le indicó.

«En la homilía dijo varias veces la palabra *compañero* —una referencia muy propia de la tradición peronista— y yo, cuando desgrabé el texto, omití algunos de los términos *compañero* que había repetido. Así que los borré —contó Wals— y cuando le llevé el texto para que lo leyera y aprobara, me llamó y me dijo:

»—Federico, ¿desgrabaste bien?

»—Sí, sí.

»—No, porque hay cosas que dije y que no están.

»—No, padre, está todo.

»—No, no está todo. No, Federico, no está ¡todo!

»—¿Qué es lo que no está, padre?

»—¿Desde cuándo me censurás vos?

»—No, padre, yo no lo censuro.

»—Sí, vos me censurás —y soltó una carcajada—. Porque yo dije *compañeros* en este párrafo y en este párrafo y no está. ¿Acaso te volviste *gorila* vos?»

(En la Argentina, en el lenguaje popular, se define como gorila a quienes se identifican como antiperonistas).

Una de las jornadas que marcó el acercamiento de Francisco a la gente fue la tragedia de Cromagnon, la noche del 30 de diciembre de 2004, cuando el incendio de una discoteca provocada por el lanzamiento de una bengala en un recital del grupo Callejeros, en el barrio de Once, segó la vida de 194 jóvenes y dejó secuelas a más de 700 heridos, en un local que no contaba con los requisitos para ser habilitado y que tenía sobrepasada su capacidad. Mientras el presidente Kirchner y su esposa Cristina no se movieron de El Calafate, a 2800 kilómetros de Buenos Aires, donde ocurrió la tragedia, y solo aparecieron públicamente después de unos días, y mientras el entonces jefe del gobierno de la ciudad, Aníbal Ibarra, también demoró en mostrarse y dar explicaciones, Bergoglio concurrió de inmediato y recorrió hospitales para acompañar a las víctimas y sus familiares.

La masacre de Cromagnon estuvo siempre presente en su recuerdo. Oró junto a los familiares de las víctimas en los encuentros personales que tuvo con ellos y en la Catedral, al cumplirse un mes de la tragedia. Ordenó luego celebrar misas los 30 de cada mes y no dejar de acompañar a los padres, hermanos y amigos que murieron en el recital, tareas que encomendó al obispo auxiliar Jorge Lozano. Al cumplirse un año del incendio en la discoteca, presidió la celebración y dijo: «Hace un año, nuestra ciudad sufrió la bofetada de una tragedia. Hace un año este camino de esperanza de tantas madres para con sus hijos fue segado. Esos hijos no están más. Esta ciudad hace un año que viene tratando de hacerse cargo pero, como en la cruz, es feo estar junto a la tragedia. Es difícil como hombre o como mujer hacerse cargo de una tragedia. Con amor. Solamente el corazón de ustedes, mamás, sabe, y puede hablarnos de lo que es una tragedia. Solamente el corazón de ustedes, papás, puede ayudarnos en este camino de fidelidad a la verdad en una tragedia».

«Y en esta ciudad —prosiguió— fue segada la vida de 194 hijos jóvenes que eran promesa, que eran futuro, se nos segó la esperanza de estos chicos que no van a ser sustituidos por nadie porque cada uno es único, insustituible. Y por eso yo quisiera decirle a esta ciudad tan preocupada por muchas cosas que mire con corazón de madre —porque la ciudad también es madre— a estos hijos que ya no están, y que llore... Buenos Aires necesita llorar. Buenos Aires no ha llorado lo suficiente. Buenos Aires trabaja, busca, "rosca", hace negocios, se preocupa por el turismo, pero no ha llorado lo suficiente esta bofetada. Buenos Aires necesita ser purificada por el llanto de esta tragedia y de tantas otras».

Un mes antes de la tragedia de Cromagnon, los primeros días de diciembre de 2004, una muestra retrospectiva del artista León Ferrari en el Centro Cultural Recoleta provocó la reacción de fieles católicos que se indignaron por una exposición que consideraban ofensiva a sus creencias. Algunos ingresaron al centro cultural y provocaron destrozos, lo que significó una onda expansiva que multiplicó el conflicto y la publicidad de la muestra, en la que se veía, por ejemplo, un Cristo crucificado sobre un avión de guerra norteamericano, figuras de Jesús y la Virgen en licuadoras y sartenes. La polémica derivó en un escándalo, que ganó espacios en los medios de comunicación, y Bergoglio envió una carta a los sacerdotes, consagrados y fieles en la que invitaba a «un acto de reparación y petición de perdón».

«Hoy me dirijo a ustedes muy dolido por la blasfemia perpetrada en el Centro Cultural Recoleta con motivo de una exposición plástica. También me apena que este evento sea realizado en un Centro Cultural que se sostiene con el dinero que el pueblo cristiano y personas de buena voluntad aportan con sus impuestos», advirtió el cardenal, al denunciar «una blasfemia que avergüenza a nuestra ciudad». La exposición fue suspendida por unos días y el escándalo le hizo ganar enemigos en el campo progresista al arzobispo porteño.

En ese tiempo, Bergoglio dedicaba unas seis horas por día a la atención personal de gente afectada por la crisis, sacerdotes que atravesaban situaciones dolorosas y dirigentes políticos y sociales y empresarios que se acercaban para llevarle preocupaciones individuales o cuestiones que tenían proyecciones políticas. Entre quienes lo visitaban se encontraban dirigentes de la oposición y algún que otro funcionario kirchnerista, como el verborrágico Aníbal Fernández, ministro y jefe de Gabinete de Cristina Kirchner, y Alberto Sileoni, ministro de Educación. Entre quienes transitaban la vereda opuesta al gobierno, concurrían Elisa Carrió, fundadora de la Coalición Cívica, el sindicalista Hugo Moyano, el ex presidente Eduardo Duhalde, los socialistas Hermes Binner y Rubén Giustiniani, Gabriela Michetti, vicejefa del gobierno de la ciudad de Buenos Aires y cercana a Mauricio Macri, entre muchos otros. Se trataba de conversaciones privadas, en las que le pedían consejos y asistencia espiritual. Lo requerían, incluso, dirigentes de agrupaciones de izquierda, como Clelia Iscaro, del Partido Comunista Revolucionario. Él les abría la puerta y a todos les pedía «gestos de unidad». Era una práctica habitual que, en una medida más amplia, se extendía a los fieles de la arquidiócesis que lo llamaban, le dejaban una carta o le transmitían una preocupación personal.

Había llegado ya 2005 y su figura crecía, consolidándose especialmente su acercamiento a los más necesitados y proyectándose en el plano internacional, sin que él se lo propusiera, en un año en el que el pontificado de Juan Pablo II llegaría a su fin.

NUEVE

Un segundo puesto inesperado.
Un dossier secreto. Dos tomos que
queman. La gran disputa vaticana.
El dato clave que nadie valoró

El sábado 2 de abril de 2005 será recordado como el día en que el mundo quedó huérfano. Horas antes de morir, el papa Juan Pablo II, que condujo con energía a la Iglesia durante más de veintiséis años, les escribió en un papelito a sus más estrechos colaboradores: «Soy feliz, séanlo también ustedes; no quiero lágrimas». Tras una larga agonía, a los 84 años, se despedía el pontífice de dimensiones sobrehumanas, que derribó muros, que luchó contra el comunismo y contra el capitalismo salvaje, que al asumir lanzó un desafío que llegó muy cerca a los jóvenes: «Abran sus puertas a Cristo: no tengan miedo». El Papa que había viajado incansablemente por 132 países, que recorrió 1.164.000 kilómetros —distancia que equivale a dar 29 vueltas a la circunferencia terrestre— apenas había tenido fuerzas tres días antes para asomarse al balcón y dar el último saludo a los fieles sin poder decir palabras. En la fiesta de la Divina Misericordia, de la que fue siempre un ferviente devoto, dejaba grandes desafíos para su sucesión. El relativismo moral y la indiferencia religiosa, que se pueden sintetizar en la definición de un secularismo sin fronteras ni reglas, asomaban como los retos que el nuevo Papa debía afrontar en el nuevo siglo.

El anuncio de su muerte le correspondió al arzobispo argentino Leonardo Sandri, sustituto de la Secretaría de Estado, que anunció: «Nuestro Padre Santo, Juan Pablo, ha retornado al hogar del Padre. Oremos por él». La imagen del pontífice polaco aferrado a la cruz recorrió el mundo y todos los líderes políticos y religiosos expresaron su dolor. Solo doce horas después de su muerte la multitud reunida en la Plaza San Pedro clamaba: «¡Il Papa santo! ¡Santo subito!», en reconocimiento al pontífice que había llegado desde Cracovia y se ganó rápidamente la adhesión del mundo occidental.

La noticia de la muerte de Juan Pablo II encontró al cardenal Jorge Bergoglio celebrando misa en una villa de emergencia. Rezó por él junto a los más desposeídos. En los días previos al desenlace, el otro cardenal argentino, Jorge Mejía, amigo personal de Juan Pablo II desde 1946, lo saludó en su lecho de enfermo y le dijo: «Santo Padre, daría la vida por usted». El presidente argentino Néstor Kirchner se unió al duelo y declaró: «Somos millones los que lloramos la pérdida de Juan Pablo II. Su modelo nos acompañará en forma permanente». Incluso, envió dos cartas de condolencias: una al cardenal Joseph Ratzinger, prefecto de la Congregación para la Doctrina de la Fe y decano del Colegio de Cardenales, y otra a Bergoglio, arzobispo primado de la Argentina. En Buenos Aires se encontraba de visita el cardenal primado de Polonia, Jósef Glemp, que debió suspender una presentación en la Universidad Católica Argentina.

El mundo se detuvo unos días para rendirle homenaje al Papa que había conducido a la Iglesia al tercer milenio y que en la carta apostólica *Tertio Millennio Adveniente* había fijado el desafío de emprender la evangelización en los grandes campos de la civilización contemporánea de la cultura, de la política y de la economía. «Cuanto más se aleja Occidente de sus raíces cristianas, más se convierte en terreno de misión, en la forma de variados *aerópagos*», había escrito Juan Pablo II en noviembre de 1994. Ese asomaba como uno de los principales legados que debía asumir el nuevo Papa. La sucesión quedó en manos de 115 cardenales, que el lunes 18 de abril iniciaron el primer cónclave del siglo XXI, llamado también en los principales medios del mundo el «cónclave de la incertidumbre». Por primera vez la Capilla Sixtina iba a estar protegida por un sofisticado escudo electromagnético que garantizaría el secreto de las deliberaciones. Si bien Ratzinger era observado como uno de los principales candidatos y corría con leve ventaja, no aparecía como el favorito indiscutido. Había acompañado a Juan Pablo II desde 1981, pero no formaba parte del entorno que rodeó al pontífice polaco en sus últimos años (encabezado por su secretario de Estado, el cardenal Angelo Sodano), por lo que algunos imaginaban que de ese sector podría provenir finalmente el elegido. Sí se esperaba que el nuevo Papa se acercara más a posiciones conservadoras que a posturas reformistas, en sintonía con el pensamiento y la doctrina que había predominado en el pontificado de Karol Wojtyla. Además de Ratzinger circulaban como potenciales candidatos el francés Jean-Marie Lustiger y el italiano Carlo Maria Martini, el prestigioso jesuita que era visto como «la esperanza» de los cardenales más liberales o progresistas. De América latina no surgía con nitidez una figura que sobresaliera por encima de los demás. Entre los más mencionados estaban el jesuita Jorge Bergoglio (Buenos Aires), el franciscano Claudio Hummes (San Pablo), el salesiano Oscar Rodríguez Maradiaga (Tegucigalpa) y el colombiano Darío Castrillón Hoyos, que en ese tiempo conducía la Pontificia Congregación para el Clero.

Con el recuerdo del cónclave de octubre de 1978, cuando fallaron todos los pronósticos y fue consagrado Papa el arzobispo de Cracovia, la expectativa estaba puesta en la posibilidad de que un cardenal italiano retornara a la silla de San Pedro, cosa que había sido lo habitual en los 455 años anteriores a la elección de Wojtyla. El último había sido Albino Luciani, patriarca de Venecia, que adoptó el nombre de Juan Pablo I y murió a los 33 días. Aún se lo recuerda como «el papa de la sonrisa».

Ratzinger, como el cardenal más antiguo, presidió la misa de apertura del cónclave y les dijo a los cardenales electores: «Si somos sacerdotes es para servir a los demás con frutos que permanezcan». Al esbozar algunas de las preocupaciones de la Iglesia, dijo que «la pequeña barca del pensamiento de muchos cristianos ha sido no raramente agitada por varias doctrinas, corrientes ideológicas y modos de pensar, que han ido de un extremo a otro, del marxismo al liberalismo, hasta el libertinaje, del agnosticismo al sincretismo...» Afirmó que «cada día nacen nuevas sectas», llamó a tener «una fe clara» y advirtió que el mundo se enfrenta a «la dictadura del relativismo, que no reconoce nada como definitivo y que deja como última medida solo el propio yo y sus ganas». Y animó a acercarse a Cristo en la verdad y en la caridad: «La caridad sin verdad sería ciega y la verdad sin caridad sería como un címbalo que tintinea», describió al citar un pasaje del libro de Corintios y anticipar un tema que en su posterior pontificado desplegó en la encíclica *Caritas in veritate*.

El secreto del cónclave quedó develado al día siguiente, el 19 de abril, cuando la fumata blanca precedió al anuncio de «*Habemus Papam!*», luego de la cuarta votación. A los 78 años (veinte más de los que tenía Wojtyla al asumir), Ratzinger fue elegido por sus pares y el sillón de San Pedro pasó de un apóstol peregrino del mundo a un intelectual brillante, de sólido prestigio, que había sido guardián de la doctrina de la fe de ese viajero incansable y a quien le había tocado conducir el área menos popular en el pontificado de un líder que se movió cómodo entre el renovado estilo pastoral, que se caracterizaba por su acercamiento a los jóvenes, y la rigidez de posiciones conservadoras. A lo largo de veinticuatro años Ratzinger había acompañado a Wojtyla y le había tocado el papel menos simpático. Identificado con la ortodoxia, eligió el nombre de Benedicto XVI y su papado transitó, sin embargo, por situaciones que lo enfrentaron a los defensores de la tradición más conservadora de la Iglesia, lo que alcanzó su punto culminante con la histórica renuncia, que rompió con una tradición cerrada de casi seiscientos años. Mostró una posición más cercana a las demandas de los sectores progresistas que lo habían combatido.

La noche en que fue elegido, Benedicto XVI cenó con los cardenales en la residencia Santa Marta, donde durmió en una habitación especial, contigua a la del cardenal argentino Jorge Bergoglio, que según trascendidos que se filtraron posteriormente tuvo un muy buen desempeño en el cónclave. Datos que no se pueden confirmar, dado el compromiso de reserva absoluta asumido por los cardenales, cuya violación es castigada con la excomunión, aseguran que el primado argentino reunió unos 40 votos y fue el segundo más votado detrás de Ratzinger. Habría cosechado el respaldo de sectores identificados con posiciones progresistas, que en las primeras votaciones habrían sostenido el voto a favor de Martini. En las rondas posteriores, este habría declinado la postulación, por lo que muchos cardenales se habrían inclinado por Bergoglio.

El nuevo pontífice había nacido el Sábado Santo de 1927 (16 de abril), en Marktl am Inn, en la diócesis alemana de Passau. Era hijo de un comisario de la gendarmería, en una familia de agricultores. Fue ordenado sacerdote el 29 de junio de 1951, fecha en la que se celebra el Día del Pontífice, por los santos Pedro y Pablo, y su hermano mayor Georg, que vive en Ratisbona, también era sacerdote. Poco amigo del deporte, Ratzinger era amante de la música clásica y eximio pianista. Demostró siempre ser un hombre de sensibilidad extrema y sencillez. Asomado al balcón de San Pedro, se presentó al mundo con un homenaje a su antecesor. «Después del gran papa Juan Pablo II los señores cardenales me eligieron, un simple y humilde trabajador en la viña del Señor. Me consuela el hecho de que Él sabe trabajar incluso con instrumentos insuficientes y, sobre todo, me encomiendo a vuestras oraciones».

Tímidamente primero y más abiertamente después, Benedicto XVI se enfrentó con la Curia Romana, cuyo exponente más visible era Angelo Sodano, a quien mantuvo un año como secretario de Estado para reemplazarlo luego por Tarsicio Bertone, un cardenal que no provenía de la carrera diplomática, como es tradición en la Santa Sede. En las primeras semanas que siguieron a su elección, incluso, había circulado la versión de que el Papa quería llevarse a Roma al cardenal Bergoglio, cosa que después no ocurrió. El nombramiento del salesiano Bertone, ex arzobispo de Génova, le deparó a Benedicto XVI algunos sinsabores por la resistencia que encontró en la Curia, a lo que se sumó la multiplicación de denuncias de casos de abusos deshonestos contra menores por parte de sacerdotes. Impuso la política de tolerancia cero frente a estos delitos, lo que suscitó reacciones internas de sectores que lo enfrentaron y dañaron aún más a la Iglesia. La mayoría de los hechos sacados a la luz remitían a décadas anteriores y dejaban al descubierto que las autoridades eclesiásticas poco habían hecho para evitarlos y castigar a sus responsables. Uno de los casos más resonantes fue el del sacerdote mexicano Marcial Maciel, que en 1941 fundó la congregación Legionarios de Cristo y antes de su muerte fue acusado de cometer abusos sexuales contra miembros de la institución, fundamentada en pruebas contundentes. En mayo de 2006, el papa Ratzinger intervino la congregación y prohibió al fundador ejercer su ministerio sacerdotal. Maciel murió dos años después, a los 87 años.

Más de una vez, el papa alemán admitió que la Iglesia no fue lo suficientemente «vigilante, veloz y decisiva» para afrontar los casos de abusos y llamó a enfrentar el problema con decisión. Reformó, incluso, el Código de Derecho Canónico para incorporar el delito de posesión de pornografía infantil por parte de sacerdotes. Se reunió en varios viajes con las víctimas y les pidió perdón.

Ratzinger sufrió, además, la filtración de documentos confidenciales de su propio escritorio, en lo que se dio a conocer como el caso de los Vatileaks. A raíz del escándalo fue detenido su mayordomo, Paolo Gabriele, a quien le encontraron en su domicilio documentos originales y fotocopiados que lo comprometieron. Es raro pensar que actuó solo. Fue condenado a 18 meses de cárcel y en la Navidad de 2012 el Papa lo indultó. El Santo Padre debió hacer frente, además, a las disputas que enturbiaron el manejo del Instituto para las Obras de Religión (IOR), el llamado «banco del Papa», en una nueva pulseada que enfrentaba a Sodano y a Bertone, quienes procuraban interferir en el proceso de designación del presidente de la entidad, tras el relevo de Ettore Gotti Tedeschi, al que siguió un período de acefalía de más de ocho meses.

A lo largo de sus casi ocho años de pontificado, sin embargo, Benedicto XVI dio pasos significativos. Recibió en una audiencia privada al teólogo suizo Hans Kung, uno de sus principales críticos, en un gesto de apertura que se fundaba en la firmeza de sus convicciones. Su sólida formación intelectual le permitió no temerle a encuentros con filósofos y teólogos de otras corrientes, y de eso dan cuenta los diálogos que sostuvo con Jurgen Habermas y Paolo Flores d'Arcais, entre otros lúcidos pensadores.

Además de los tres volúmenes en los que investigó y reflexionó acerca de la figura histórica de Jesús de Nazareth y su proyección en el mundo actual, que fueron auténticos bestseller en muchos países, dejó sentado su magisterio en tres encíclicas: *Deus caritas est* (en la Navidad de 2005), donde aborda el misterio del amor cristiano; *Spe Salvi* (en noviembre de 2007), donde reflexiona sobre la esperanza cristiana, y *Caritas in veritate* (en junio de 2009), que aporta enseñanzas renovadas acerca del desarrollo humano de la caridad.

Más de cinco millones de personas asistieron a las 348 audiencias generales que ofreció Benedicto XVI durante su pontificado, entre abril de 2005 y febrero de 2013. Fueron encuentros en los que impartió una catequesis enriquecida con el peso de la historia de la Iglesia, a través de las enseñanzas que fueron dejando los apóstoles y discípulos de Jesús. Realizó 24 viajes internacionales y aun los que emprendió en medio de críticas anticipadas y malos presagios —como el que realizó en 2010 a Gran Bretaña para beatificar al cardenal Newman, un sacerdote anglicano que se convirtió al catolicismo en 1845— terminaron en un éxito.

El vaticanista Vittorio Messori, del diario italiano *Corriere della Sera*, aportó con acierto una definición notable. Escribió que «desde fuera de la Iglesia acusan a Benedicto XVI de no haber hecho nada... y desde dentro de la propia Iglesia lo acusan de haber hecho demasiado», en alusión a su ofensiva contra los casos de abusos sexuales. En otra descripción que marca la fina sensibilidad de Ratzinger, el autor señaló que en él «convivían la severidad con la misericordia, el rigor con la comprensión, el respeto por la norma con la conciencia de las situaciones humanas particulares».

Entre su legado, varios obispos apuntaron que contribuyó decididamente a «vivir la fe de manera plena», como expresó el presidente de la Comisión de Pastoral Social del Episcopado argentino, monseñor Jorge Lozano, y a promover aportes inéditos que el papa Francisco se comprometió a sostener, como la preocupación por las cuestiones ambientales, que el papa Ratzinger expresó en la encíclica *Caritas in veritate*.

Pero, indudablemente, el gesto más audaz y que sorprendió al mundo y a la historia fue su renuncia al Papado, anunciada el 11 de febrero de 2013, cuando dijo: «Ya no tengo fuerzas», al hablar en latín al finalizar un consistorio para la canonización de beatos en la Santa Sede. En un mensaje que llegó a los rincones más extremos del planeta, Benedicto XVI afirmó: «En los últimos meses, la fuerza ha disminuido en mí de tal forma que he de reconocer mi incapacidad para ejercer bien el ministerio que me fue encomendado». Y anticipó que el 28 de febrero dejaría la sede vacante para retirarse a vivir en un monasterio de clausura, en un hecho que el mundo no vivía desde julio de 1415, cuando dimitió el papa Gregorio XII, oriundo de Venecia.

La periodista Giovanna Chirri, experta en temas vaticanos de la agencia de noticias ANSA, que habla y entiende el latín, fue la primera que interpretó el mensaje del papa Ratzinger y lanzó un flash con la primicia, coincidieron en señalar todos los medios del mundo. «Di la noticia y lloré de emoción», dijo, consciente del momento histórico.

Hombre reflexivo, Benedicto XVI ya había deslizado la posibilidad de renunciar en una entrevista al periodista alemán Peter Seewald, publicada en 2010 en el libro *Luz del mundo*. Con el recuerdo de la larga agonía de su predecesor, allí dijo: «Si el Papa llega a reconocer con claridad que física, psíquica y mentalmente no puede ya con el encargo de su oficio, tiene el derecho y, en ciertas circunstancias, también el deber de dimitir». Así lo prevé, además, el canon 332, inciso 2, del Código de Derecho Canónico. Consideró, sin embargo, que un pontífice no puede huir si el peligro es grande. «Se puede renunciar en un momento sereno, o cuando ya no se puede más. Pero no se debe huir en el peligro y decir: que lo haga otro».

Interpretado como un gesto de humildad y un acto de servicio a la Iglesia, la noticia sorprendió a todos y conmovió como pocas. El cardenal Bergoglio, desde Buenos Aires, definió la decisión como «un gesto revolucionario» y explicó: «Se habla de que es un Papa conservador, pero lo que Benedicto XVI hizo al anunciar su renuncia representa un cambio en seiscientos años de historia. Creo que se trata de una decisión muy pensada delante de Dios y muy responsable por parte de un hombre que no quiere equivocarse o dejar la decisión en manos de otros». Dijo, además, que «el Papa es un hombre pacífico y manso. Defiende los principios pero nunca ataca a las personas. Siempre tuvo la mano tendida».

«No abandono la cruz, sino que me quedo de un modo nuevo», explicó el papa Ratzinger en su último encuentro con los fieles, en la Plaza San Pedro, un día antes de retirarse al Palacio Pontificio de Castel Gandolfo, donde lo recibieron los vecinos el 28 de febrero con todos los honores. Al trasponer las puertas del edificio, levantado en el siglo XVII, cerró una puerta al mundo y se retiró a rezar.

Además de marcar el comienzo de una carrera de nombres, candidatos y especulaciones para la sucesión, el impacto de la renuncia provocó las mayores intrigas, al revelarse que el pontífice le dejaría a su sucesor un informe secreto, elaborado por tres cardenales —el español Julián Herranz (del Opus Dei), el italiano Salvatore De Giorgi y el eslovaco Josef Tomko— en el que se investigó la filtración de documentos y otros escándalos que sacudieron al Vaticano. Los purpurados, todos mayores de 80 años, le entregaron a Benedicto XVI la investigación en dos tomos, de casi 300 páginas, para ponerla en manos del futuro pontífice.

Con Ratzinger recluido en Castel Gandolfo, a la espera de la habilitación del monasterio de clausura en el predio del Vaticano, los cardenales se prepararon para la instancia inédita de tener que elegir un Papa estando su antecesor con vida. Con el correr de las semanas se fueron acotando las listas de posibles candidatos a ocupar la sede vacante y los tres cardenales más nombrados eran el arzobispo de San Pablo, Odilo Pedro Scherer; el prefecto de la Congregación de los Obispos, el canadiense Marc Ouellet, y el italiano Angelo Scola, arzobispo de Milán. Algunos, como el jesuita argentino Bergoglio, de 76 años, eran incluidos en el lote de «electores influyentes», pero no aparecían *a priori* entre los principales nominados.

La gran incertidumbre que asomaba con vistas al cónclave apuntaba a resolver cómo iban a convivir dos papas «en simultáneo», lo que fue rápidamente desestimado, al señalarse que Benedicto XVI pasaría a tener carácter de «Papa emérito» y que solo el pontífice elegido gobernaría la Iglesia. Más que en los nombres y en las nacionalidades, la batalla se libraría entre dos estilos de gobierno, identificados con el ejercicio del ministerio pastoral en una diócesis —como había sido en su momento el arzobispo de Cracovia, Karol Wojtyla— o con una carrera realizada en la Curia Romana y vinculada a la tradicional estructura vaticana. La renuncia de Benedicto XVI, que en abril iba a cumplir 86 años, reflejaba la impotencia del Papa para cambiar un estado de situación dominado por quienes conducían la Curia y se habían opuesto a los pasos dados para su reforma. Ratzinger había vivido de cerca la agonía de Juan Pablo II y no quería prestarse a ser dominado o manejado por segundas o terceras líneas cuando el paso del tiempo le marcara profundas limitaciones físicas.

Frente al futuro cónclave, la división de estilos y procedencias dentro de la Iglesia podía ser explicada a través del ejemplo de los dos cardenales electores de la Argentina: el cardenal Jorge Bergoglio y el arzobispo Leonardo Sandri, prefecto de la Congregación de las Iglesias Orientales. Si bien ambos compartían la misma nacionalidad, sus carreras y orientaciones no podían ser más distintas. Con un estilo eminentemente pastoral, Bergoglio representaba la distancia e independencia de la estructura de la Curia Romana, la que Benedicto XVI no había podido desarmar. Si bien no se lo mencionaba como candidato principal, su influencia podía ser decisiva. Sandri, de 69 años, había surgido de la escuela de la diplomacia vaticana y había sido sustituto de la Secretaría de Estado durante la gestión del cardenal Sodano. Ambos cardenales representaban visiones y expectativas distintas.

En las semanas previas al 12 de marzo, fecha prevista para el comienzo del cónclave, los lobbies y las especulaciones estaban a la orden del día. El sector de Sodano impulsaba la candidatura del cardenal brasileño Scherer (63 años), que entre 1994 y 2001 había trabajado en la Curia Romana. Pensaban, incluso, en una transacción política para ubicar en la Secretaría de Estado al propio Sandri o al cardenal italiano Mauro Piacenza, prefecto de la Congregación para el Clero.

Entre los cardenales italianos surgía el nombre de Angelo Scola (71), arzobispo de Milán y ex patriarca de Venecia, las sedes que habían ocupado Pablo VI y Juan Pablo I antes de ser elegidos. Se lo mencionaba como el más cercano a Ratzinger. Otros apuntaban al canadiense Marc Ouellet (68), que junto a Scherer aparecían como los más encumbrados candidatos de la Iglesia del continente americano. También surgía el nombre del arzobispo de Nueva York, Timothy Dolan (62), y para la sorpresa el nombre cantado era el ghanés Peter Turkson (64), jefe de la Oficina de Justicia y Paz en Roma.

Un detalle que pasó inadvertido y que pocos observaron es que unos días antes de retirarse a Castel Gandolfo, a fines de febrero, el papa Benedicto XVI designó al argentino Bergoglio nuevo representante en la Pontificia Comisión para América Latina. Lo que para algunos podía haber sido una designación intrascendente, otros lo veían como una señal para definir al elegido del papa alemán si los cardenales debían pensar en un sucesor que llegara del nuevo continente.

De carácter reservado y poco amante de los viajes a Roma, Bergoglio había consolidado su liderazgo en la Iglesia argentina, donde supo mantener la prioridad pastoral en su ministerio episcopal y la independencia respecto del poder político. Gozaba de fuerte predicamento entre los obispos de su país y tenía una fuerte ascendencia sobre los sacerdotes, especialmente el clero joven. Presidente del Episcopado argentino entre 2005 y 2011, se destacó especialmente en la Asamblea General de los Obispos de América latina, realizada en 2007 en Aparecida, Brasil, donde fue uno de los principales redactores del documento final, que recorre los problemas sociales y políticos de la región y advierte, principalmente, sobre «el avance de diversas formas de regresión autoritaria por vía democrática que, en ciertas ocasiones, derivan en regímenes de corte neopopulista». Allí, con la mano de Bergoglio, los obispos latinoamericanos se pronuncian a favor de una democracia participativa, basada en la promoción y el respeto de los derechos humanos. Y advierten: «Una democracia sin valores se vuelve fácilmente una dictadura y termina traicionando al pueblo».

El arzobispo argentino lideró los debates en Aparecida y dejó asentada la preocupación por «el recrudecimiento de la corrupción en la sociedad y en el Estado, que involucra a los poderes legislativos y ejecutivos en todos su niveles y alcanza también al sistema judicial». Las críticas se extienden al poder económico y el documento señala que «es urgente proseguir en el desendeudamiento externo para favorecer las inversiones en desarrollo y gasto social». Es muy probable que las conclusiones de Aparecida se hayan distribuido entre los cardenales con mucha más suerte que el dossier que, al parecer, se intentó distribuir en los días previos al cónclave y en el que se buscaba vincular a Bergoglio con la dictadura militar argentina. Atribuido a sectores cercanos al gobierno kirchnerista en la Argentina, una iniciativa similar se había puesto en marcha en el cónclave anterior para dañar la imagen del arzobispo argentino.

Jorge Bergoglio llegó a Roma como uno de los arzobispos de mayor proyección en el continente americano. Promotor del diálogo y de hábitos austeros, lideraba claramente la Iglesia argentina, donde la mayoría de los obispos ya comulgaba con su pensamiento y su estilo pastoral. De ideas conservadoras en los aspectos doctrinarios, fue un fuerte defensor del derecho a la vida y enemigo a ultranza del aborto. En su jurisdicción, la ciudad de Buenos Aires, la Iglesia libró la batalla más fuerte en contra de la ley que consagró el matrimonio entre personas del mismo sexo, a mediados de 2010, en una disputa que lo enfrentó al gobierno argentino. Simultáneamente, como se contó en capítulos anteriores, conservaba una proyección muy sostenida en el campo social, que lo acercaba a los sectores más castigados por la pobreza, como lo probaban sus frecuentes visitas a villas y la ayuda social. Con el gobierno de Cristina Kirchner, que en 2007 sucedió al de su esposo, Néstor, tuvo fuertes desencuentros, a partir de su premisa de mantener una prudente distancia del poder político. El matrimonio Kirchner dejó de concurrir a las celebraciones religiosas encabezadas por Bergoglio, a quien acusaban de liderar la oposición política. El fuerte impulso del gobierno para lograr la sanción de la llamada ley del matrimonio igualitario se interpretó como un pase de factura a la Iglesia por su prédica social, que en ese momento había influido en la derrota electoral del kirchnerismo.

Las principales disputas internas que Bergoglio encontró puertas adentro en la Iglesia argentina se habían dado principalmente con exponentes de sectores más conservadores, que no percibían como prioritaria la inserción de la Iglesia en el campo político y descreen, en cierta forma, del predominio del sistema colegiado de gobierno, a través de los episcopados, por encima del vínculo directo de cada obispo con Roma, particularmente con la Secretaría de Estado. La atención de los problemas sociales, incluso a través de programas en los que la Iglesia colabora con el gobierno, no generaban mayores conflictos. Sí se producen enfrentamientos a la hora de marcar los altos niveles de pobreza en la Argentina, que son sistemáticamente negados por las estadísticas oficiales.

La renuncia de Benedicto XVI y el llamado a la sucesión volvieron a colocar con fuerza a Bergoglio en el escenario internacional y, a pesar de haber sido uno de los últimos cardenales en llegar a Roma, su participación en las congregaciones generales, los debates de los cardenales previos a la apertura del cónclave, resultó decisiva, según confiaron después voces que lo escucharon. Allí sostuvo el cardenal argentino, en palabras que ya son patrimonio de todos y poco antes de convertirse en Francisco, que «la vanidad del poder es un pecado para la Iglesia» y llamó a los cardenales a «caminar con la gente y tomar el camino del pobre». Al transmitir su identificación con la imagen de la oveja perdida, quiso despertar las conciencias de los dignatarios de la Iglesia al señalar que «no es posible que el pastor esté en el monte y el rebaño esté en el valle».

DIEZ

La renuncia que no fue. La designación inesperada. La vigencia del Concilio Vaticano II. La lupa sobre la Curia. Las reformas que no tardaron en llegar

Los primeros pasos dados por Francisco en el timón de la barca de San Pedro definieron el rumbo hacia donde quería transitar: una Iglesia cerca del pueblo, de los pobres, que se acerque a la misión esencial de los apóstoles y desmonte el lastre burocrático que, como las capas geológicas que se acumulan a través de décadas y siglos, minan la capacidad de las instituciones para dar respuestas a las necesidades espirituales de la gente.

«Nunca olvidemos que el verdadero poder es servicio y que también el Papa, para ejercer el poder, debe entrar cada vez más en ese servicio», alertó Francisco en la misa de inicio de su pontificado, ante más de 200.000 personas que llenaron el 19 de marzo, día de San José, la Plaza San Pedro. En una jornada soleada, hasta el clima se combinó para despejar nubarrones e interferencias en un mensaje claro y profundo, que llegó a todos los confines de la Tierra. Si el Papa, la máxima autoridad de la Iglesia, se recuesta en la humildad y la austeridad para ejercer su ministerio, todos los que le siguen están llamados —obligados— a seguir el mismo camino y entregarse a una actitud de servicio para llevar el mensaje de Jesús a los más débiles. Sin privilegios ni mezquindades. Cardenales, obispos, sacerdotes y laicos no son escalones de una estructura jerárquica, sino que despliegan las distintas funciones que el Señor encomienda a cada uno para custodiar y llevar el mensaje de paz y de unidad «con una presencia constante y una fidelidad total», como señaló el pontífice elegido.

Líder espiritual de casi 1400 millones de fieles en todo el mundo, el llamado a una vocación de servicio no se circunscribía a la estructura interna de la Iglesia. Jefes de Estado y de gobierno de 132 países acompañaron a Francisco en la apertura de su pontificado y se llevaron también la misión de ofrendar sus posiciones de liderazgo en beneficio de la humanidad. «Por favor, sean custodios de la creación, del designio de Dios inscripto en la naturaleza, guardianes del otro, del medio ambiente», les pidió delante de una audiencia universal.

La gente percibió que los gestos y señales que Francisco mostró en sus primeros días como pontífice, esquivando el protocolo y sorprendiendo con su sencillez y naturalidad, fueron tan importantes como las palabras.

La audiencia que concedió a 6000 periodistas de 81 países, que lo recibieron con una ovación, marcó el comienzo de una era de cambios. Apartando la mirada del texto que venía leyendo, con la misma naturalidad con que un padre le puede hablar a sus hijos, lanzó la frase que minutos después fue el título principal de los portales de noticias de todo el mundo: «¡Cómo quisiera ver una Iglesia pobre y para los pobres!» Convertida al instante en el lema informal de su pontificado, daba así la explicación del nombre que eligió para servir a los demás. Confirmó que se llama Francisco en honor del Santo de Asís y puso a los pobres y necesitados entre los principales destinatarios de su misión.

Con total naturalidad y un lenguaje simple, sin inmutarse ante las cámaras, Francisco rompió mitos y tabúes, como los que impedían conocer detalles o anécdotas del cónclave. «Cuando la cosa se estaba poniendo un poco peligrosa, el cardenal Claudio Hummes me consolaba. Y cuando los votos alcanzaron los dos tercios me abrazó, me besó y me dijo: "No te olvides de los pobres". Y esa palabra me entró aquí (se señaló la frente): los pobres, los pobres. De inmediato, en relación con los pobres, pensé en Francisco de Asís. Después pensé en las guerras, mientras el escrutinio seguía...», contó en su encuentro con los medios de comunicación, en la sala de audiencias Pablo VI de la Santa Sede. Así, lejos de las solemnidades que ponen distancia y con la misma cercanía con que les podía hablar en Buenos Aires a los jóvenes de la parroquia de Caacupé, Francisco mostró en Roma que los cardenales tienen actitudes y sentimientos comunes a cualquier persona, tal vez para desacartonar las imágenes distorsionadas que alejan a la Iglesia de la gente y a la gente de las iglesias.

El Papa tuvo, además, definiciones de peso, como el reconocimiento que cumplen los medios de comunicación, muchas veces atacados por quienes están cerca del poder. «Su papel ha ido creciendo cada vez más en los últimos tiempos, hasta el punto que se han hecho imprescindibles para relatar al mundo los acontecimientos de la historia contemporánea». Y les habló, incluso, a quienes no profesan la misma fe. «Muchos de ustedes no pertenecen a la Iglesia Católica y otros no son creyentes, pero respetando la conciencia de cada uno, les doy mi bendición sabiendo que cada uno de ustedes es hijo de Dios. ¡Que Dios los bendiga!» Otro gesto saliente, que sintetizaba la mirada amplia y generosa de un pontífice dispuesto a abrazar a todos, sin detenerse a mirar de dónde vienen.

La gente le respondió por multitudes. «Papa Bergoglio: il nostro orgoglio» (es nuestro orgullo) se leía en un cartel que portaban las jóvenes religiosas Martina (31 años, de Santiago de Compostela, España) y Renata (25, de Vor Arlberg, Austria) en la Plaza San Pedro, al día siguiente, cuando esperaban verlo en el Angelus.

Formaban parte de una comunidad religiosa de vida consagrada, fundada en Bélgica en 1938, quieren servir a la Iglesia y estaban asombradas por la humildad y simplicidad del nuevo pontífice. «Dios siempre tiene sorpresas. Hace tres días no lo conocíamos y hoy vivamos su nombre, estamos muy contentas», dijo sor Martina, al describir el entusiasmo de las hermanas y sacerdotes del movimiento.

Sor Arcangela, de la Comunidad Oblata del Sacro Cuore de Jesús, de Roma, recibió las primeras palabras del Papa como un llamado a la esperanza. «Lo que más me impactó fue el mensaje de misericordia, una palabra que el mundo hoy tiene olvidada», resumió, mientras se perdía en la plaza entre una multitud de distintas nacionalidades.

Entre tantos saltos de algarabía, el sacerdote argentino Claudio Canesa, de la iglesia Santa Maria Teresa Goretti, de la periferia de Roma, podía respirar con orgullo. «Es un Papa muy humilde que está cerca de la gente. Si el Concilio Vaticano II es la primavera de la Iglesia, Francisco es un excelente verano», precisó con la seguridad de transmitir algo más que un parte meteorológico. El padre Canesa se encargaba de los movimientos juveniles en su parroquia y confiaba en que la renovación que transmite el Papa favorecerá el entusiasmo de la sangre joven de la Iglesia. Lo sorprendió especialmente la naturalidad con que Francisco se despidió luego de rezar el Angelus desde la ventana de la residencia papal, ante 150.000 personas. «Nos dijo: "Que tengan un buen almuerzo". Usa palabras simples. No me siento un bicho raro», señaló.

Quienes conocían a Francisco observaron un Papa renovado, sereno, con una sonrisa y una expresión de alegría desbordante en su rostro. Sus apariciones en Roma y el contacto con la gente mostraron un Bergoglio distinto al que podían encontrar en Buenos Aires, donde el gesto adusto y la preocupación eran signos visibles.

El jesuita argentino había presentado en diciembre de 2011 su renuncia al arzobispado de Buenos Aires, como lo establecen las disposiciones canónicas para todo obispo que llega a los 75 años. Esperaba, de un momento a otro, su aceptación por parte de Benedicto XVI, aunque también era consciente de que el Papa anterior quería que se mantuviera activo. A la espera del momento en que su renuncia fuera aceptada, Bergoglio ya había planificado su mudanza al Hogar Sacerdotal de Flores, una residencia para sacerdotes retirados, donde se dedicaría a la oración. Tenía programado, además, ir con frecuencia a la Basílica de Luján para confesar y celebrar misas los fines de semana, como un sacerdote más, siguiendo una vida austera, dedicándose a estudiar y a escribir.

«Esa era la vida que él tenía pensada. Pero Dios lo sorprendió. Los cardenales lo vieron para que asumiera como sucesor de Pedro. Todos le han dicho: "Pensamos en vos". Y él les dijo: "Aquí estoy"», dijo, ante una consulta, el entonces presidente del Episcopado argentino, monseñor José María Arancedo, que viajó a Roma una vez que Francisco fue elegido.

Arancedo, que era además arzobispo de Santa Fe, destacó especialmente «el lenguaje de los gestos, de cercanía, de sencillez, de humildad, de diálogo. Y la búsqueda de una coherencia interior con el Evangelio. Su estilo es un programa de vida y la gente lo siente como si lo estuviera esperando». Describió a Francisco como «un hombre de fe, de oración, lúcido, con prudencia de gobierno y que busca darle a su vida sacerdotal una cercanía muy profunda a las actitudes de Jesucristo». Confiaba en que el Papa iba a avanzar con las reformas necesarias para el gobierno de la Iglesia y que seguramente procuraría que «la Curia romana se convirtiera en un instrumento al servicio del ministerio de Pedro para poder hacer más viable, más transparente, más comprometida y más evangelizadora la tarea de la Iglesia».

Se vio en Roma una opinión generalizada en que la sintonía y la frecuencia que el Papa encontró con la gente había renovado su semblante.

«Es el mismo, pero distinto», observó el padre Guillermo Marcó, que fue un estrecho colaborador de

Francisco durante su misión pastoral como arzobispo de Buenos Aires. Incluso, lo acompañó a Roma durante el cónclave anterior, en 2005, cuando fue elegido Benedicto XVI. Esta vez, a la distancia, se llevó una sorpresa. «Cuando lo vi salir al balcón en San Pedro, además de la sorpresa, percibí un cambio en su rostro. Era otra mirada, era otra cara, otra luz. Me hizo acordar a las transformaciones que experimentan muchas personas cuando van a un retiro: llegan con un rostro y salen días después con otra mirada. Es como la Transfiguración de Jesús», comentó el sacerdote, que presenció en Roma la misa de inicio de su pontificado.

Marcó pensaba que Bergoglio no esperaba ser el elegido en el cónclave. «No creo que lo esperara. Se hubiera traído más cosas. Habría sacado solo pasaje de ida. Los diarios decían que podía ser un gran elector».

—Antes del cónclave si se hablaba de un papa argentino era tal vez de otro cardenal (en relación a Leonardo Sandri)…

—Sí… lo que pasa es que hay cosas que pesan para nosotros pero que en definitiva no pesan tanto. No es que eligieron un Papa argentino. Eligieron al cardenal Jorge Bergoglio. Es la figura, es la persona, el carisma. Habrá pesado, a la hora de elegir, que era un arzobispo latinoamericano y había una conciencia clara de que la Iglesia necesitaba un Papa que se pareciera a su pueblo. Que el Colegio de Cardenales tenga casi el 50% de obispos europeos, que pueden mostrar espectaculares museos, lindísimas iglesias que visitan los turistas y en los que casi no hay culto, no es el mejor camino. Si yo tengo una diócesis, lo que hago es preguntarle a un sacerdote que veo que trabaja bien y que tiene las iglesias llenas de gente cómo hace. Esto pasa en Asia, en América latina, en África. No pasa en Europa.

—¿La Iglesia tiene más vida en América latina?

—Tiene vida, lo que no se ve en Europa. Con Francisco uno percibe un cambio, un aire nuevo. Aun la gente italiana, que es bastante descreída, siente que les habla al corazón. Lo ven como un párroco del mundo, como un sacerdote de pueblo que llega y trae un aire de lo que él ha sido siempre, un hombre sumamente inteligente, muy capaz. Es mucho más que la faceta de la sonrisa y los gestos. Es un hombre de gobierno, un hombre que no le tiembla el pulso cuando tiene que tomar decisiones.

—¿Podrá tomarlas?

—Francisco hizo una definición interesante desde el punto de vista teológico, como retocar algunas líneas del Concilio Vaticano II que estaban medio olvidadas. Y una de esas líneas es la colegialidad. Él se presenta en el balcón de San Pedro como obispo de Roma y le habla a la gente desde ese lugar. Se presenta como un *primo inter pares*. Arreglar la Iglesia, en el fondo, es una tarea que le compete a todos, no solo a él. En ese sentido, cuando dicen *recen por mí* y habla de él como obispo de

Roma, está pidiendo algo de eso: cómo hacemos para hacer mejor lo que Dios nos pide a todos.

—¿Por qué fue elegido ahora y no en el cónclave anterior?

—Posiblemente la Iglesia no estaba madura. Es difícil mirar a la Iglesia sin verla desde Dios.

«El desafío que le espera al Papa lo ha señalado él mismo: es la nueva evangelización. Tal vez puedan tomarse indicios de lo que será su pontificado en el Documento de Aparecida», observó días después de la elección de Bergoglio el padre Mariano Fazio, vicario del Opus Dei en la Argentina desde 2010 y ex rector de la Pontificia Universidad de la Santa Cruz de Roma, donde también presidió el consejo de rectores de las universidades pontificias.

Tras recordar que Bergoglio había sido elegido por una gran mayoría de votantes, el presidente de la comisión redactora en el encuentro de Aparecida dijo que «se cargó el trabajo al hombro, quedándose hasta la madrugada para ir elaborando el documento, con la ayuda de otros obispos y de los peritos». El propio Fazio lo vio de cerca porque fue uno de los peritos presentes en la asamblea. «El resultado es una puesta al día de los desafíos de la Iglesia en América latina, vistos desde la óptica del discípulo de Cristo que debe encontrarse personalmente con Jesús para convertirse en misionero», explicó.

«Muchas de las indicaciones prácticas del documento encajan perfectamente con sus líneas pastorales, que procuró aplicar en la Arquidiócesis de Buenos Aires. El fervor apostólico del discípulo que sale en busca de los alejados, evitando la autorreferencialidad del cristiano, es uno de los tantos elementos en los que se ve claramente su influjo» advirtió Fazio, quien recordó que Bergoglio confesó una vez que «la página más bella del documento es la que se refiere a la religiosidad popular». Ello estaba en plena coherencia con su interés por impulsar distintas manifestaciones de la piedad popular en Buenos Aires, desde el Vía Crucis multitudinario que se realiza todos los años en la Avenida de Mayo, hasta la devoción por la Virgen Desatanudos y la peregrinación juvenil a pie al santuario de la Virgen de Luján.

«No hay que esperar signos exabruptos, sino una continuidad práctica que vaya resolviendo problemas y ordenando, paso a paso, lo que haya que ordenar; y promoviendo lo que haya que promover. Seguramente, su visión desde fuera de la Curia servirá para darle al trabajo en el Vaticano un nuevo aire. Que él mismo estará más cerca de la gente corriente es ya un hecho. Quizás el desafío que tiene por delante es que esa misma cercanía trascienda su persona, y se transforme en una nota distintiva de la Santa Sede, de los obispos y de todos los cristianos y cristianas del mundo», pronosticó el sacerdote.

Más allá de las emociones y las anécdotas, las primeras señales de Francisco marcan un estilo dispuesto a producir cambios. «La reforma en la Curia ya comenzó», dijo, incluso, el cardenal ghanés Peter Turkson, presidente del Consejo de Justicia y Paz, al referirse al modo en que el papa argentino encaró su llegada al Vaticano. Por lo pronto, en las primeras tres semanas desistió de alojarse en el Palacio Apostólico y prefirió quedarse a vivir en la Casa Santa Marta, la residencia donde se hospedaron los cardenales durante el cónclave y cuyo origen es un antiguo hospicio para peregrinos.

Una de las notas salientes de su primera semana como pontífice fue el encuentro reservado que mantuvo con su antecesor, Benedicto XVI, en la residencia de Castel Gandolfo. Distante 25 kilómetros de Roma, Francisco llegó en helicóptero, que sobrevoló varios minutos la tranquila ciudad italiana, en señal de saludo a los pobladores, antes de descender en los jardines de la residencia. En un encuentro histórico e inédito para los tiempos modernos, Bergoglio y Ratzinger se abrazaron y rezaron juntos unos minutos en la capilla. Francisco no aceptó el sillón especial que le había reservado su antecesor frente al altar de la capilla y se ubicó junto con el papa emérito en uno de los bancos de madera. Luego, hablaron a solas durante 45 minutos y compartieron un almuerzo con sus secretarios. La gran expectativa estaba puesta en la documentación que Benedicto XVI le dejó a su sucesor, entre la que se encontraba el informe secreto del Vatileaks. «Está a disposición del Papa, pero me parece que tiene tantas cosas que hacer en estos primeros días que no creo que haya tenido apuro en leerlo», apuntó el padre Federico Lombardi, director de la Oficina de Prensa de la Santa Sede.

Pasada la Semana Santa, el Papa comenzó a definir su equipo de colaboradores, con el nombramiento del franciscano español José Rodríguez Carballo como número dos de la Congregación para los Institutos de Vida Consagrada y la Sociedad de Vida Apostólica, el organismo que supervisa a los 900.000 religiosos del mundo que actúan en las distintas órdenes, congregaciones e instituciones de vida consagrada. Con el correr del pontificado profundizó la renovación y nombró por primera vez a una mujer al frente de una institución clave en el Vaticano: la religiosa Simona Brambilla.

La reforma de la Curia Romana asomaba como una tarea pendiente y primordial para el nuevo Papa y muchos en la Iglesia aconsejaban encararla de inmediato, para aprovechar el respaldo generalizado que encontraba en los fieles. La visión apuntaba a convertir un área excesivamente burocratizada y acostumbrada a poner trabas en el gobierno de la Iglesia en un órgano dinámico, que actuara de puente entre las iglesias locales y el Vaticano.

Son muchos en la Iglesia los que, apoyados en los lineamientos del Concilio Vaticano II, ven con agrado un fortalecimiento del principio de la colegialidad en el gobierno de la Iglesia, otorgando más peso a las decisiones de las conferencias episcopales, que reúnen el pensamiento del conjunto de los obispos en un país o en una región. Vieron la llegada de un papa latinoamericano como una oportunidad para «desarmar» la excesiva centralización que la Curia Romana tiene en el gobierno de la Iglesia, dando paso a instancias en las cuales el pensamiento conjunto de los obispos sea más tenido en cuenta que las conexiones individuales con Roma.

La pérdida de fieles y la escasez de vocaciones sacerdotales fueron una preocupación constante en la visión de Francisco, que buscó priorizar la formación de los seminaristas. Una de sus primeras designaciones episcopales fue la elección de su sucesor en la Arquidiócesis de Buenos Aires. Nombró a monseñor Mario Aurelio Poli, quien había sido uno de sus obispos auxiliares y había pasado a conducir la diócesis de Santa Rosa, en la provincia de La Pampa. Un hombre austero, de perfil bajo, sabio conocedor de la historia de la Iglesia y una cercana relación con los sacerdotes y seminaristas. Poli llegaba con la experiencia de más de veinte años como formador de sacerdotes, en el Seminario Metropolitano de Villa Devoto. Respetuoso de las instituciones, convivió en Buenos Aires con los gobiernos de Cristina Kirchner, Mauricio Macri y Alberto Fernández, pero no mostró vocación por mezclarse con el poder político. Se retiró en mayo de 2023, luego de encabezar el tedeum de la fecha patria del 25 de Mayo, cuando alertó sobre el acuciante cuadro de la pobreza.

Francisco encaró de entrada la discusión sobre el manejo de los asuntos económicos, como el caso del Instituto para las Obras de Religión (IOR), tras el escándalo financiero que sorprendió a Ratzinger. Bergoglio se manejó siempre en forma cuidadosa y ordenada en las gestiones en las que debió enfrentar situaciones complejas en el manejo económico de sus misiones pastorales, tanto en su actuación como superior provincial en la Orden Jesuita, con la situación de la Universidad del Salvador y también con algunos desajustes que encontró en la Arquidiócesis de Buenos Aires cuando se hizo cargo como vicario general. Ahora su misión era convertir el banco del Vaticano en una institución limpia y transparente, un proceso que llevó tiempo y febriles discusiones.

Otra tarea profunda, esbozada ya por Bergoglio cuando conducía la Conferencia Episcopal Argentina, era cómo enfrentar el problema del alejamiento mutuo entre la Iglesia y los intereses de la sociedad, que se refleja en transformaciones culturales que quedan plasmadas en nuevas normas y hábitos de vida que ponen en cuestionamiento valores que antes estaban arraigados, como el avance de leyes que despenalizan el aborto y otras que autorizan nuevas formas de alianzas familiares, alternativas al matrimonio tradicional. «El desafío es encontrar lenguajes y formas adecuadas para transmitir el mensaje de la Iglesia ante las transformaciones culturales que registra la sociedad. Los valores son los de siempre. Hay que explicarlos con nuevos lenguajes. Sin renunciar a las convicciones, hay que sostener posiciones y estrategias con un lenguaje renovado, adaptado a los nuevos tiempos y circunstancias», explicó un sacerdote inquieto desde hace tiempo por el avance de las expresiones del secularismo y la indiferencia religiosa.

Se trataba de un problema enunciado ya en la V Conferencia General del Episcopado Latinoamericano, reunida en Aparecida en 2007, donde se avanzó en la necesidad de renovar el ardor misionero de la Iglesia. El papa Francisco vibraba en esa sintonía y promueve con intensidad el trabajo de los laicos para sostener el desafío de la nueva evangelización. En el documento final de Aparecida, cuyo principal redactor fue Bergoglio, los obispos de la región afirmaban que «los cambios culturales dificultan la transmisión de la fe por parte de la familia y la sociedad» y que el anuncio del Evangelio «no puede prescindir de la cultura actual».

De allí surgió la convocatoria de Francisco, que ya formulaba en Buenos Aires la necesidad de avanzar hacia las periferias, no en sentido geográfico, sino cultural. Misionar a los agentes de la sociedad que no están comprometidos con la Iglesia, salir a su encuentro, no temer a entrar en diálogo con quienes piensan distinto y desterrar el hábito de excluirlos porque profesan otras ideas. Se trata de un nuevo espíritu misionero, apropiado a las exigencias del mundo de hoy. «El estado de misión debe ser un *estado de movimiento,* un permanente movimiento misionero que atraviese la evangelización de las ciudades. Eso implica seguir pasando de una pastoral autorreferencial, sedentaria y estática, a otra abierta, itinerante y extática. La pastoral urbana debe concretar ese proceso misionero permanente que quiere *ir hacia todos y llegar a todos,* y que se verifica en la vocación, capacidad y urgencia de la institución eclesial *por llegar a los últimos,* a los olvidados que Dios nunca olvida», escribió el sacerdote argentino Carlos María Galli en el libro *Dios vive en la ciudad,* que llama a pensar en una nueva pastoral para la cultura urbana, a la luz del documento de Aparecida, y en el que recoge el pensamiento que orientó a Bergoglio en su paso por la arquidiócesis de Buenos Aires.

En el plano internacional, Francisco convivió con un mundo complejo, con estallidos de guerras y en el que la palabra de los líderes religiosos se escucha cada vez con menos intensidad. A través de gestos, pero también con enérgicas palabras, intentó reposicionar la presencia y la voz de la Iglesia en un tablero mundial globalizado, que aún hoy tiene periferias por recorrer.

«Francisco tocó el corazón de todos. Trajo un aire de primavera nuevo, que es lo que hacía falta», dijo la argentina Lidia Vici, emocionada, junto a su hermana Ana María. Ambas atendían un local comercial en Castel Gandolfo, a pocos metros de la residencia que albergó a Benedicto XVI, que permaneció allí hasta mayo de 2013, cuando se mudó al Monasterio Mater Ecclesiae, donde residió hasta su muerte, el 31 de diciembre de 2022. Ellas prometieron oraciones para que el papa Francisco pudiera avanzar en beneficio de todos, especialmente de los más necesitados.

En la misma sintonía, Andrea Tacchi, cuya hermana trabajó con Francisco en la arquidiócesis de Buenos Aires, no salía de su desbordante entusiasmo el Domingo de Ramos en el que el Papa bendijo los olivos en la Plaza San Pedro. «En él se combina en una medida exacta la inteligencia de un jesuita con la sencillez de un franciscano. Si solo sos inteligente, podés ser soberbio. Si, además, sos humilde, arrasás», pronosticó.

ONCE

Un año de gestión y transformación. Los gestos simbólicos que recorrieron el mundo. La estrategia para darle una nueva dirección a la Iglesia. La intimidad del día a día en el Vaticano

«No tengo tiempo». En la intimidad de la austera residencia de Santa Marta, cuando cierra la puerta y habla en confianza con sus visitantes más cercanos, el papa Francisco reflexiona sobre su misión en un momento histórico de la Iglesia. El argentino Jorge Bergoglio, consustanciado con el nombre y el espíritu del Santo de Asís y amigo de los pobres, es muy consciente de los desafíos. Cada paso, cada decisión, cada gesto espontáneo que conmovía al mundo, se orientan a avanzar en una reforma de la Iglesia que, lejos de quemar las naves y consagrar doctrinas inéditas, procura volver a los orígenes y mostrarle al mundo el rostro de Jesús, la mirada de los primeros tiempos.

En el primer año de su pontificado, con sus palabras, gestos y acciones, Francisco llamó a construir «una Iglesia pobre y para los pobres», descartó el señorial Palacio

Apostólico y se quedó a vivir en la sencilla casa de Santa Marta, reunió a más de tres millones de personas en su inolvidable visita a Río de Janeiro, pidió a los jóvenes que «hagan lío» en sus diócesis, se abrazó y compartió el sufrimiento con los inmigrantes y refugiados africanos en la isla de Lampedusa, creó una comisión de ocho cardenales —ampliada luego a nueve— para que lo ayudaran a comandar el timón de la Iglesia y en su primera encíclica pidió recuperar la frescura original del Evangelio para mostrar el rostro de una Iglesia alegre. Eligió la ternura y la misericordia por encima de la admonición y el temor.

El primer papa argentino y jesuita de la historia condenó sin medias tintas la «cultura del descarte» y la «economía de la exclusión y la inequidad», avanzó con pasos significativos en la reforma y la transparencia del Instituto para las Obras de Religión (IOR), el Banco del Vaticano; reforzó las sanciones contra los responsables de delitos sexuales dentro de la Iglesia, creó un ámbito para proteger a los menores víctimas de esos abusos, y se proyectó como un líder de dimensiones internacionales al contribuir a frenar la guerra en Siria con su prédica insistente en favor del diálogo, sintetizada en la Jornada de Ayuno y Oración por la Paz, que reunió el 7 de septiembre de 2013 a más de 100.000 personas en la Plaza San Pedro.

Tuvo gestos inéditos de apertura hacia quienes se sentían alejados de la mirada fraterna de la Iglesia: especialmente las personas homosexuales, los divorciados vueltos a casar e, incluso, los no creyentes. Sin cambiar la doctrina, mostró que es posible tender la mano para incluir a todos, sin renunciar a las convicciones. Lo mostró al prestarse al diálogo con periodistas de todo el mundo, en el vuelo de regreso a Roma, tras la Jornada Mundial de la Juventud de Brasil, cuando lanzó, a modo de nueva bienaventuranza, una frase que quedó en la historia: «Si una persona es gay y busca al Señor y tiene buena voluntad, ¿quién soy yo para juzgarla?» El 29 de mayo, empapado por la lluvia, sus palabras se escucharon más allá de la Plaza San Pedro: «Hasta el Papa tiene pecados, pero Dios los perdona».

La revista *Time* lo eligió personaje del año y lo fundamentó con ocho palabras que resumen su plan de reformas en el Vaticano: «Sin cambiar la letra, logró cambiar la música». Ya le había dedicado su portada en marzo, cuando fue elegido, y el 29 de julio, con motivo de su viaje a Brasil. Cerca de fin de año, *The New Yorker*, con una tirada que superó el millón de ejemplares, presentó una de sus ediciones semanales de diciembre con un dibujo de Francisco en su portada. El ilustrador Barry Blott lo definió como «un buen compañero, una buena persona y un defensor sincero de la buena voluntad y la paz en la Tierra». También *Vanity Fair* y *Foreign Policy* lo seleccionaron entre las principales personalidades del año y pusieron de relieve su impacto en el escenario mundial. Y *The New York Times* y *The Guardian*, entre otros diarios, elogiaron el rumbo de su pontificado. En tanto, más de seis millones de personas participaron de diversos encuentros con el Santo Padre en su primer año en el Vaticano, otros dos millones presenciaron sus audiencias generales y recibía un promedio de 2000 cartas por día.

El 17 de diciembre de 2013, el papa Francisco cumplió 77 años y lo celebró en el Vaticano, luego de su misa matutina, compartiendo el desayuno con tres personas sin techo: un polaco, un checo y un eslovaco. Por iniciativa del director de la Casa Santa Marta, monseñor Battista Rica, todos le cantaron el *Tanti Auguri* («feliz cumpleaños»). Los *homeless* habían sido elegidos por el limosnero del Vaticano, monseñor Konrad Krajewski, que por pedido de Francisco recorría por las noches las calles de Roma para llevar ayuda a quienes duermen a la intemperie. En esa penumbra romana y en el férreo *silenzio stampa* de la Santa Sede nunca se develó el misterio de si el propio Papa lo acompañaba ocasionalmente en alguna de las salidas.

La premura de Francisco por avanzar en su plan de renovar la Iglesia estuvo marcada por el carácter propio de su misión. Como advirtió en 2013 un sacerdote que lo trataba en la Argentina, el Santo Padre sabía que no tenía por delante un pontificado de veinte años. «Ni siquiera tendrá seguramente el tiempo que tuvo en la arquidiócesis de Buenos Aires, donde gobernó quince años, luego de seis como obispo auxiliar», señaló en ese momento el sacerdote. Más que completar todos los cambios, había consenso en que necesitaba generar un movimiento que produjera esa inercia que difícilmente hiciera posible una vuelta atrás. «Si fuera capaz de generar ese movimiento, el que viene seguirá en la misma línea», reflexionaban en ese momento en la Iglesia.

Convertido en el centro de la mirada de todos, Francisco no alteró sustancialmente su rutina. Se levanta habitualmente entre las 4.30 y las 5 de la mañana y dedica sus primeras horas a rezar, leer y escribir en la habitación 201 del segundo piso de la Residencia Santa Marta, donde se habían alojado los cardenales durante el cónclave. En la singular entrevista que mantuvo con el sacerdote jesuita Antonio Spadaro, director de la revista *La Civiltà Cattolica* (un reportaje que dio la vuelta al mundo cuando se publicó, a mediados de septiembre de 2013), Francisco reveló que eligió ese lugar porque se sentía mejor viviendo «en comunidad». Comparte el lugar con unos 40 obispos, sacerdotes y laicos que trabajan en distintas dependencias en la Santa Sede, además de los residentes temporarios y ocasionales. La periodista Lucía Magi, que escribe desde Roma para el diario madrileño *El País*, contó que en Santa Marta hay dos ascensores: «Uno está reservado para él, el otro funciona para el resto de los huéspedes. Francisco se sube constantemente al segundo». Y Giovanna Chirri, la periodista de la agencia ANSA que fue la primera en anunciar al mundo la histórica renuncia de Benedicto XVI, completó la interpretación sobre el uso del ascensor: «Allí empleados, sacerdotes y obispos le comentan los problemas de sus actividades, le pasan informaciones. Él recoge papelitos, apuntes o memoriza», comentó en ese momento.

El propio Francisco reflexionó sobre la necesidad de no sentirse «aislado» en una carta que le envió en mayo de 2013, cuando llevaba dos meses como pontífice, al sacerdote argentino Enrique Martínez Ossola, párroco de la iglesia de la Anunciación del Señor de la ciudad de La Rioja y a quien Francisco designó obispo auxiliar de Santiago del Estero en 2017. «No quise ir al Palacio Apostólico a vivir, voy solo a trabajar y a las audiencias. Me quedé a vivir en la Casa Santa Marta, que es una casa de huéspedes para obispos, curas y laicos. Estoy a la vista de la gente y hago la vida normal: misa pública a la mañana, como en el comedor con todos, etc. Esto me hace bien y evita que quede aislado». Un dato curioso, no incluido en la carta de Francisco: Santa Marta, el nombre de la residencia, es la patrona de las amas de casa y las empleadas domésticas.

Durante el cónclave, Bergoglio ocupaba la habitación 207, que le tocó por sorteo. Se mudó a la 201, una vez elegido, porque es un poco más amplia. «Decidí vivir aquí, en la habitación 201, porque, al tomar posesión del departamento pontificio, sentí dentro de mí un no. El departamento pontificio del Palacio Apostólico no es lujoso. Es antiguo, grande y puesto con buen gusto, no lujoso. Pero en resumidas cuentas es como un embudo al revés. Grande y espacioso, pero con una entrada de verdad muy angosta. No es posible entrar sino con cuentagotas, y yo, la verdad, sin gente no puedo vivir», le contó el Papa al padre Spadaro.

Francisco suele dar pistas de su pensamiento y de su intensa acción pastoral en las homilías que pronuncia cada mañana en la capilla de Santa Marta. A las 7 en punto preside la misa ante un reducido grupo de peregrinos, entre los que pueden encontrarse autoridades, funcionarios, empresarios, sindicalistas, amigos y fieles que aún hoy viajan a Roma con el sueño de tener ese momento de cercanía con el Papa que se propuso cambiar la Iglesia. Allí se ve y se escucha al Bergoglio más puro. Esas homilías suelen ser su bajada de línea, un anticipo de lo que luego vuelca en sus apariciones públicas y en sus documentos. A partir de 2014, invitó a párrocos y fieles de las distintas iglesias de Roma a compartir esas celebraciones. En ese auditorio sencillo, dijo el 16 de junio de 2013 que la vida cristiana debe ser siempre inquieta y nunca tranquilizadora. «Es necesario proceder como San Pablo y testimoniar el mensaje de la auténtica reconciliación. [...] La prisa, la premura de Pablo me hace pensar en María cuando, tras recibir el anuncio del ángel, parte de prisa para ayudar a su prima. Es la prisa del mensaje cristiano», meditó.

Dos semanas después presentó la encíclica *Lumen Fidei* («La luz de la fe»), escrita a cuatro manos con su antecesor, en la que invita a recuperar la llama de la fe, que no es algo privado ni se impone con violencia. Benedicto XVI la había comenzado antes de renunciar y su mano se percibe especialmente en los pasajes en que habla sobre la relación de la fe con la verdad y con la razón. Ese mismo día, 5 de julio, Francisco se abrazó con su antecesor en los jardines del Vaticano y anunció la canonización de Juan Pablo II y Juan XXIII. Ambos fueron proclamados santos el 27 de abril de 2014, en una jornada que se constituyó en uno de los principales hitos del segundo año del pontificado de Bergoglio. Avanzaba en la revalorización del Concilio Vaticano II.

«¡No me saquen los enfermos. Son mi pasaporte a la eternidad!» Con la mirada seria, minutos antes de comenzar la ceremonia en la que tomó posesión de la cátedra de obispo de Roma en la basílica de San Juan de Letrán, Francisco le dijo un rotundo no al maestro de ceremonias que le indicaba cómo iba a desarrollarse la celebración. El *cerimoniere* quería explicarle que por razones de espacio, ante los miles de personas que abarrotaban la capacidad de la iglesia, se habían visto obligados a reducir la cantidad de enfermos que podían ser saludados por el Santo Padre. Era el 7 de abril, habían pasado veinticinco días de su elección pontificia y Francisco quería dejar bien en claro cuáles iban a ser sus prioridades. Así, luego de entrar al templo, el Papa se acercó y saludó uno por uno a los discapacitados psíquicos y físicos que lo esperaban en la iglesia. Lo acompañaban el cardenal vicario de Roma, Agostino Vallini, y el vicario emérito, Camillo Ruini.

El cardenal Vallini lo invitó, así, a asumir su papel de pastor del «rebaño de Cristo». El Papa había pedido ya en su primera Semana Santa que quería «sacerdotes con olor a oveja», cercanos a su pueblo y a las necesidades de la gente. Sacerdotes y obispos que marcharan al frente de sus fieles para «indicar el camino» y que a la vez tuvieran la capacidad de estar «en medio de todos con su cercanía sencilla y misericordiosa». Y el olfato para caminar, en ocasiones, «detrás del pueblo para ayudar a los rezagados y, sobre todo, porque el rebaño mismo tiene su olfato para encontrar nuevos caminos», como explicó en su exhortación apostólica *Evangelii Gaudium* («La alegría del Evangelio»), su primer documento programático, en el que describió la hoja de ruta de su pontificado.

En varios momentos, a lo largo de su primer año de gobierno en el Vaticano, Francisco reiteró con hechos que los enfermos son su «pasaporte a la eternidad». De esa prioridad puede dar cuenta Vinicio, que a los 53 años padecía una enfermedad extraña, de origen genético, con bultos, tumores y quistes por todo el cuerpo, que incluso le deformaban la cara. Francisco no dudó en abrazarlo cuando lo vio entre la multitud en la Plaza San Pedro, durante la audiencia general del 6 de noviembre. «Primero me tomó la mano, mientras con la otra me acarició la cabeza y las heridas. Me abrazó fuerte y me dio un beso en la cara. Intenté hablarle, decirle algo, pero no pude. La emoción era muy fuerte», contó después Vinicio, conmovido, al recrear ese momento. El gesto del Papa, abrazando a una persona que caracterizaba en su rostro la imagen de un leproso del siglo XXI, se repitió por todo el mundo. Francisco lo abrazó, sin preguntarse si la enfermedad era contagiosa, y con ese «pasaporte» dio un paso significativo en su camino al cielo.

Los jóvenes son el termómetro de la sintonía de Francisco con el mundo. Al llegar al aeropuerto de Río de Janeiro, el lunes 22 de julio de 2013, se presentó con toda humildad ante la presidenta de Brasil, Dilma Rousseff: «No tengo oro ni plata, pero traigo conmigo lo más valioso que se me ha dado: Jesucristo». Un mes después de que la violencia pusiera al descubierto en varias ciudades brasileñas el descontento de la gente por las pésimas condiciones del transporte, la educación y la salud, en un contexto de creciente corrupción, los jóvenes inundaron las calles de Río para acompañar a Francisco envueltos en la esperanza. Y el Papa no defraudó. Varias veces le pidió al chofer que detuviera la marcha del vehículo que lo transportaba para estrechar las manos de la multitud que se le acercaba, en un viaje que resultó frenético para la custodia papal. Francisco invitó a los jóvenes a «dejarse sorprender por Dios», les habló de «la plaga del narcotráfico, que favorece la violencia y siembra dolor y muerte» y los animó a decirles que no «a los mercaderes de la muerte, que siguen la lógica del poder y el dinero a toda costa». Como lo había dicho tres semanas antes en la isla de Lampedusa, llamó a «no caer en la globalización de la indiferencia» y trazó una singular parábola entre el fútbol y la fe: «Jesús nos ofrece algo más grande que la Copa del Mundo. Nos ofrece la posibilidad de una vida fecunda y feliz, y también un futuro con él que no tendrá fin». Siguiendo la imagen futbolística, los exhortó a «jugar para adelante» y «construir la Iglesia».

Toda América latina se sintió conmovida con el retorno de Francisco a su tierra. Tuvo, incluso, palabras sobre la renovación interna de la Iglesia, en su mensaje a los obispos de la región. Los animó a no temerle al diálogo con el mundo actual, especialmente para responder las preguntas existenciales de las nuevas generaciones, atendiendo a su lenguaje, y a no caer en el clericalismo. La imagen de la playa de Copacabana inundada de tres millones de jóvenes que lo acompañaron en la misa final fue la postal de la Jornada Mundial de la Juventud, que marcó una bisagra en el primer año del pontificado. Con esa renovada inyección de fe y fortaleza, pasado el verano europeo, Francisco comenzó a renovar la Curia y avanzó en decisiones fundamentales para el gobierno de la Iglesia.

El 22 de agosto anunció la conformación de un equipo para analizar el fenómeno de la trata de personas en el mundo y promover acciones para combatirlo, coordinado por la Pontificia Academia de Ciencias Sociales. Se estima que el drama de la trata afecta a 24 millones de personas en el mundo y el número crece cada año en dos millones. Algunos expertos predicen que dentro de una década el tráfico de personas superará al tráfico de drogas y armas como la actividad ilegal más lucrativa del mundo. La Organización Internacional de Trabajo (OIT) estima que esta forma moderna de esclavitud mueve más de 235.000 millones de dólares anuales en todo el planeta.

Cuando aún no se habían acallado los ecos de *Lumen Fidei*, el Papa volvió a sorprender: el diario italiano *La Repubblica* publicó en su portada del 11 de septiembre de 2013 una carta de Francisco dirigida al director del periódico, Eugenio Scalfari, y a los no creyentes. «La cuestión para los que no creen en Dios radica en obedecer la propia conciencia. El pecado, incluso para los que no tienen fe, existe cuando se va en contra de la conciencia», escribió el Papa, ante una inquietud planteada por Scalfari cuando se conoció la encíclica.

Erigido en la nueva voz de la conciencia humana, más allá de cualquier creencia, Francisco transitó una doble misión. Por un lado, llevar el testimonio de Cristo a las periferias geográficas y humanas, a quienes no lo conocen o lo han dejado de lado. «Lo que la Iglesia necesita con mayor urgencia hoy es una capacidad de curar heridas y dar calor a los corazones de los fieles. Veo a la Iglesia como un hospital de campaña tras una batalla», declaró en la entrevista con Spadaro. La otra misión fue renovar la estructura de la Santa Sede para ponerla al servicio del Papa y de las conferencias episcopales. La reforma de la Curia Romana asomó como uno de los principales desafíos. El Papa se mostró decidido a avanzar en la colegialidad que proclamó el Concilio Vaticano II. Mientras en un caso enfrentó la indiferencia del mundo al mensaje religioso, el otro desafío lo impulsó a superar resistencias internas, como lo manifestaron abiertamente sectores ultraconservadores enquistados en el catolicismo.

«Francisco es Bergoglio. Si uno quisiera saber qué hace y cómo gobierna en Roma basta con recordar qué hacía en Buenos Aires, cómo se movía en la Argentina. Se maneja igual. Lo que cambia es la dimensión de su tarea», definió un sacerdote que ha sido testigo de su trabajo pastoral. Ejemplo de ello fueron los nombramientos en la Curia Romana, que como ocurría en la arquidiócesis de Buenos Aires, siempre sorprendieron. «Nunca resultaba nombrada la gente que los demás esperaban. Tuvo siempre su propio registro», precisó la fuente consultada.

Le confió al arzobispo italiano Pietro Parolin la vital Secretaría de Estado, considerada siempre la mano derecha del Papa y eje de la diplomacia vaticana. Reemplazó desde el 15 de octubre de 2013 al cardenal Tarcisio Bertone, que durante el pontificado de Benedicto XVI no supo cómo manejar las turbulencias que concluyeron con la histórica renuncia del predecesor de Francisco. Ex nuncio apostólico en la difícil Venezuela de Hugo Chávez y número dos en la estructura del Vaticano, monseñor Parolin, de 58 años, sorprendió a muchos a poco de ser nombrado, al declarar que «el celibato obligatorio no es un dogma de fe y puede ser discutido porque es una tradición eclesiástica». Anticipó, tal vez, debates que se vienen.

Francisco se mostró también decidido a convertir el Sínodo de Obispos en una herramienta fundamental, con la idea de poner en práctica el principio de colegialidad en el gobierno de la Iglesia, que apunta a otorgar a las conferencias episcopales responsabilidades y una mayor intervención en la toma de decisiones. Para llevar adelante esa tarea, designó secretario general del Sínodo a monseñor Lorenzo Baldisseri, ex nuncio apostólico en Brasil y ex secretario de la Congregación para los Obispos. Este arzobispo tuvo un encuentro muy singular con el Papa el mismo día de la fumata blanca del cónclave. Apenas elegido y luego de que lo ayudaran a colocarse la vestimenta blanca, Bergoglio, en un gesto nada inocente, le entregó a Baldisseri el solideo rojo que usaba en su cabeza, propio de su condición de cardenal. Muchos lo interpretaron como una señal de que el arzobispo sería nombrado cardenal. El propio Baldisseri aprovechó ese inédito gesto del Papa y con su flamante birrete rojo participó de la misa que Francisco concelebró exclusivamente con los cardenales en la Capilla Sixtina al día siguiente de su elección. Más allá de toda especulación, Francisco confió en él para renovar el Sínodo de Obispos, una de sus prioridades. Y en enero de 2014 lo nombró cardenal.

Otra designación clave fue la del arzobispo italiano Beniamino Stella como prefecto de la Congregación para el Clero, de la cual dependen los 415.000 sacerdotes de todo el mundo. Criado en una familia de doce hermanos, Stella fue ordenado presbítero en 1966 por el obispo Albino Luciani, luego papa Juan Pablo I. Fue presidente de la Academia Eclesiástica, donde se forman los sacerdotes que siguen la carrera diplomática, y entre 1992 y 1999 fue nuncio apostólico en Cuba. Le tocó ser organizador y testigo privilegiado de la histórica visita de Juan Pablo II a La Habana y de su encuentro con Fidel Castro, en enero de 1998. Cuando Francisco le encomendó a Stella conducir la estratégica Congregación para el Clero le dio una instrucción: «Nunca hagan esperar a un sacerdote. Son sus ovejas». Un mensaje en sintonía con su prédica insistente para que la Curia Romana esté al servicio de las diócesis, así como el Papa se mostraba al servicio de los obispos. «Roma no es una aduana por la que tienen que pasar todos los obispos para obtener un sello», graficó un sacerdote que colaboraba con el pontífice.

«En el pensamiento del Papa las claves fueron siempre las personas, no las estructuras», confió una fuente eclesiástica. Distintas voces arriesgaban que la reforma de la Curia pasaría más por la simplificación y resignificación de funciones, para evitar superposiciones y gastos burocráticos inútiles, más allá de la eliminación de organismos. «La estructura de la Curia Romana ha crecido en forma desmedida como toda organización burocrática que se puede encontrar en cualquier Estado», observó la fuente. Un dato ilustra ese comentario. En tiempos de Pío XII, en 1950, el Anuario Pontificio, que reseña cada año los distintos organismos y funcionarios del Vaticano, tenía 800 páginas. Hoy reúne más de 1700.

«Es un monstruo que se va degenerando. Se crea un organismo, que para justificarse suma nuevas funciones, que requieren después la creación de nuevos organismos, al que se le asignan nuevas tareas y así sucesivamente», explicó un sacerdote que conoce el Vaticano por dentro. Por ejemplo, se encontraban superposiciones en el Pontificio Consejo para los Laicos y el Pontificio Consejo para las Familias, que estaba constituido también por laicos. El resultado fue la fórmula que encontró Francisco en 2016, al unificar organismos y crear en 2016 el Dicasterio para los Laicos, la Familia y la Vida. «Siendo arzobispo de Buenos Aires, Bergoglio había sufrido la Curia Romana y el lastre de la burocracia. Sabía dónde estaban los clavos, cuándo la Curia puede ser una ayuda y cuándo una traba», reflexionó un sacerdote que frecuentaba al arzobispo jesuita.

Francisco anunció una de sus jugadas más audaces el 13 de abril de 2013, un mes después de su elección pontificia: constituyó un equipo de ocho cardenales para que lo asesoraran en el gobierno de la Iglesia y lo ayudaran a elaborar un proyecto de revisión de la constitución apostólica Pastor Bonus, que fijaba la organización de la Curia romana desde 1988, cuando fue promulgada por Juan Pablo II. El papa argentino reunió a cardenales de todos los continentes y uno solo de ellos venía trabajando en la Santa Sede. La mayoría tenía experiencia pastoral en sus diócesis y la idea de formar este grupo consultivo había surgido en el diálogo que los cardenales tuvieron en las congregaciones generales, en las semanas previas al cónclave. Allí se habló de los desafíos que debía enfrentar la Iglesia. El grupo fue bautizado informalmente como el G-8, aunque en julio de 2014 pasó a llamarse G-9, por la incorporación del secretario de Estado, Pietro Parolin. El trabajo del grupo consultor se extendió durante varios años, en los que se avanzó en la fusión de organismos, reducción de la burocracia y reglas de transparencia, tarea que concluyó con la constitución apostólica Predicate evangelium, promulgada por Francisco en marzo de 2022.

El miembro más conocido del G-8 era el arzobispo de Boston, cardenal Sean Patrick O'Malley, fraile capuchino y comprometido con la política de tolerancia cero frente a los casos de abusos sexuales en la Iglesia. Vendió el Palacio Episcopal para atender los reclamos millonarios contra la diócesis y se mudó a una habitación sencilla en el seminario de Boston.

Otro integrante fue el arzobispo de Sydney, cardenal George Pell, protagonista de un hecho inédito: pidió disculpas ante el Parlamento de su país porque la Iglesia había ocultado durante décadas casos de abusos contra menores. Cercano al papa argentino, en 2018 fue condenado por la Justicia en su país a raíz de denuncias que lo implicaban, pero al año siguiente la Corte Suprema declaró nula la sentencia. Reivindicado por Francisco, finalmente murió el 10 de enero de 2023.

El Santo Padre nombró también en el Consejo de Cardenales al arzobispo de Bombay, cardenal Oswald Gracias, ferviente luchador contra las desigualdades sociales; al arzobispo de Munich y Frisinga, Reinhard Marx, uno de los cardenales más jóvenes y sucesor de Joseph Ratzinger en la cátedra episcopal de Munich; al arzobispo de Kinshasa, Laurent Monsengwo Pasinya, quien había participado en el Parlamento de transición política de su país (ex Zaire y actual República Democrática del Congo) tras la caída del dictador Mobutu; el cardenal hondureño Óscar Andrés Rodríguez Maradiaga, arzobispo de Tegucigalpa, salesiano y promotor de la campaña «Globalización de la solidaridad», que impulsaba la condonación de la deuda a los países pobres; al italiano Giuseppe Bertello, entonces presidente de la Gobernación del Estado de la Ciudad del Vaticano, que había tenido una activa intervención en el proceso de pacificación tras el genocidio en Ruanda; al arzobispo emérito de Santiago de Chile, Francisco Javier Errázuriz Ossa, único sudamericano y proclamado cardenal por Juan Pablo II el mismo día que Jorge Bergoglio, y al obispo de Albano, Marcello Semeraro. Con el paso del tiempo, Francisco renovó la composición del G-9 e incorporó al cardenal español Fernando Vérgez Álzaga, quien sucedió a Bertello como presidente de la Gobernación del Estado de la Ciudad del Vaticano, y los arzobispos de Kinshasa, Fridolin Ambongo Besungu; de Barcelona, Juan José Omella; de Quebec, Gérald C. Lacroix; de Luxemburgo, Jean-Claude Hollerich, y de San Salvador de Bahía, el brasileño Sérgio da Rocha.

A todos les aclaró que los nombramientos no eran una promoción ni un honor ni una condecoración, sino un servicio. Así se los explicó, también, a los primeros 16 cardenales que eligió el 12 de enero de 2014, en una carta en la que les pidió que se abstuvieran de acompañar la designación con «cualquier celebración ajena al espíritu evangélico de austeridad, sobriedad y pobreza». Francisco decidió realizar el consistorio para imponer la púrpura a sus nuevos cardenales el 22 de febrero, la misma fecha en que él mismo había sido creado cardenal por Juan Pablo II, en 2001.

Sus elegidos reflejan el perfil pastoral que Francisco le imprimió a su pontificado. Por un lado, jerarquizó como cardenales a los arzobispos Parolin, Baldisseri y Stella, a quienes les había asignado funciones relevantes en la Curia. En ese lote se puede incluir al prefecto de la Congregación para la Doctrina de la Fe, el alemán Gerhard Müller, muy cercano a Benedicto XVI, a quien Francisco consideraba un hombre sabio.

Pensando seguramente en la conformación de un hipotético cónclave, el papa Francisco le aseguró lugares a América latina. Creó cardenales a los arzobispos de Buenos Aires, Mario Poli; de Río de Janeiro, Orani João Tempesta; de Santiago de Chile, Ricardo Ezzati Andrello; de Managua, Leopoldo J. Brenes Solórzano. Y, en una decisión inédita, que resume la predilección de Francisco por los contextos de pobreza, le dio el birrete púrpura al obispo de Les Cayes y presidente del Episcopado de Haití, Chibly Langlois, primer cardenal en la historia de su país. En esa misma línea se interpretan las incorporaciones al Colegio Cardenalicio de los arzobispos de Abidjan (Costa de Marfil), Jean-Pierre Kutwa; de Ouagadougou (Burkina Faso), Philippe Nakellentuba Ouédraogo; de Cotabato (Filipinas), Orlando Quevedo. Los cuatro restantes fueron los arzobispos de Westminster (Gran Bretaña), Vincent Nichols; de Perugia, Gualtiero Basetti; de Québec, Gérald Cyprien Lacroix, y de Seúl, Andrew Yeom Soo Jung.

Así, la primera medida tomada en 2014 para renovar el Colegio de Cardenales estuvo destinada a plantar semillas para comenzar a delinear el perfil del conjunto de purpurados del que saldrá su sucesor.

Una jornada histórica multitudinaria, resumida como «el día de los cuatro papas» y con más de 800.000 personas en la Plaza San Pedro, se vivió el 27 de abril de 2014, cuando Francisco presidió la misa de canonización de Juan Pablo II y de Juan XXIII, en una ceremonia que contó con la presencia de Benedicto XVI. Recordado como «el Papa bueno», Juan XXIII pasó a la historia al convocar durante su pontificado el Concilio Vaticano II, que marcó la renovación más profunda de la vida de la Iglesia en los últimos siglos. No pudo ver el final de su obra, que fue continuada por Pablo VI —a quien Francisco beatificó en octubre siguiente— y en las sesiones que se desarrollaron a lo largo de cuatro años participaron el entonces obispo polaco Karol Wojtila —luego elegido Papa como Juan Pablo II— y el joven teólogo Joseph Ratzinger (luego Benedicto XVI), como perito. Wojtyla fue el «Papa viajero», y dejó una huella en sus veintisiete años de pontificado. Francisco recordó a Juan Pablo II como «el Papa de la familia» y resaltó las condiciones de pastor de Angelo Roncalli (Juan XXIII).

Días antes, el papa argentino recibió en el Vaticano a Isabel II, reina de Inglaterra y líder de la Iglesia anglicana, y mantuvo una audiencia con Barack Obama, el primer presidente afroamericano de los Estados Unidos. Los líderes del mundo se esforzaban para ser recibidos en el Vaticano.

Un hito histórico fue el viaje de Francisco a Jordania, Palestina e Israel, con dos imágenes en Jerusalén que quedaron grabadas: su visita al Muro de los Lamentos y el «abrazo de las tres religiones», al unirse en un fraternal saludo con el rabino Abraham Skorka y el referente islámico Omar Abboud. Con ellos había mantenido diálogos frecuentes en Buenos Aires. La visita a Tierra Santa buscó dar un mensaje de paz, en momentos en que estaba amenazada por varios conflictos, y simbolizar el fin de las discordias entre judíos y cristianos que llevaban dos mil años. Se cumplían, además, cincuenta años del encuentro entre Pablo VI y el patriarca ecuménico de Constantinopla Atenágoras I, que marcó un acercamiento en Tierra Santa.

En ese viaje por Amán, Belén y Jerusalén, Francisco mantuvo reuniones con el líder de la Iglesia Ortodoxa, el patriarca Bartolomé I, con el rey de Jordania Abdalá II, y los presidentes de Palestina, Mahmoud Abbas, y de Israel, Shimon Peres, quien lo recibió junto a su primer ministro, Benjamín Netanyahu. «Ya es hora de poner fin a esta situación, que se hace cada vez más inaceptable», dijo el papa argentino a las autoridades palestinas e israelíes de Belén y en Jerusalén, adonde se acercó para llevar su cercanía a «cuantos sufren en mayor medida las consecuencias de este conflicto en Medio Oriente. Al mes siguiente, en un encuentro inédito, Francisco recibió en el Vaticano a Shimon Peres y Mahmoud Abbas, para rezar por la paz en los jardines del Vaticano.

Al mes siguiente, el Papa encabezó las reuniones del Sínodo Extraordinario de Obispos convocado para discutir los desafíos pastorales de la familia en el contexto de la evangelización. Se abordó, entre otros temas, la situación de los divorciados vueltos a casar y la realidad de las parejas que deciden vivir juntos sin recurrir al matrimonio, un desafío pastoral y fuente de controversias en la Iglesia. Para preparar ese debate Francisco envió un cuestionario de 38 preguntas a todos los obispos del mundo para que los temas fueran debatidos en las parroquias. Quería saber, por ejemplo, si los cristianos vueltos a casar «son conscientes de su irregularidad», si se sienten marginados y viven con sufrimiento la imposibilidad de recibir los sacramentos, cuántos piden tener acceso a ellos, qué porcentaje de parejas conviven sin casarse, qué atención pastoral se brinda a las uniones de personas del mismo sexo, en qué medida las enseñanzas de la Iglesia son conocidas, aceptadas, rechazadas o criticadas en los ambientes extraeclesiales, entre otros planteos.

La ruta que siguió Francisco estuvo trazada por la exhortación *Evangelii Gaudium* («La alegría del Evangelio»), que presentó a fines de noviembre y resume el programa de su pontificado. Allí insistió, como lo hacía Jorge Bergoglio en Buenos Aires, en que prefería «una Iglesia herida y manchada por salir a la calle, antes que una Iglesia preocupada por el centro, clausurada en una maraña de obsesiones y procedimientos». Advertía en ese documento programático, también, sobre las tentaciones del clericalismo en los agentes pastorales y señalaba la necesidad de «ampliar los espacios para una presencia femenina más incisiva en la Iglesia, en los diversos lugares donde se toman decisiones importantes». Aconseja a los sacerdotes dar homilías breves y «huir de la predicación moralista o adoctrinadora» y recuerda que la Eucaristía «no es un premio para los perfectos, sino un generoso remedio y un alimento para los débiles».

Y crea, de alguna manera, un mandamiento nuevo, al equiparar el mandamiento de «no matar» con el «No a una economía de exclusión». Lo dice con estas palabras: «Así como el mandamiento de *no matar* pone un límite claro para asegurar el valor de la vida humana, hoy tenemos que decir *no a una economía de la exclusión y la inequidad. Esa economía mata*». Y lo enseña con el ejemplo.

DOCE

Francisco y su relación con la Argentina: las barreras de la grieta y los prejuicios. Diálogo con personas dentro y fuera de la Iglesia. Alianza con los movimientos populares

Muy cálida e intensa en la informalidad y algo fría en lo institucional. Así se puede definir la relación de Francisco con la Argentina, su patria natal, a la que nunca regresó en sus doce años de pontificado. A menos de dos meses de asumir, en la audiencia general del 8 de mayo de 2013, ante una Plaza San Pedro abarrotada, pidió «un aplauso» a la Virgen de Luján en el día de su festividad. «Más fuerte, no se siente», insistió, antes de hacer llegar su «sincero afecto a todos los hijos de esa querida tierra argentina». Dos semanas después, mientras recorría la plaza en el papamóvil para saludar a la multitud, le hizo un gesto con tres dedos levantados de la mano a un peregrino vestido con la camiseta de San Lorenzo de Almagro, el club de sus amores, que el día anterior le había ganado a Boca Juniors por tres a cero.

Con un ojo siempre atento a lo que pasa en su país, en julio de 2013 ordenó al Arzobispado de Buenos Aires que retiraran una estatua con su imagen que habían emplazado en los jardines de la Catedral. No quería fomentar el culto a su persona. Y pocos días más tarde les hizo un pedido a miles de peregrinos argentinos que habían viajado a Río de Janeiro para no perderse la Jornada Mundial de la Juventud. «¡Hagan lío!... ¡Quiero lío en las diócesis, quiero que la Iglesia salga a la calle!», los animó.

Luego de la multitudinaria misa de cierre del encuentro con los jóvenes en Copacabana, el Papa tropezó con un sinsabor político. En una recepción protocolar para saludar a los presidentes de la región que habían concurrido a la celebración —Cristina Kirchner, Dilma Rousseff y Evo Morales— se vio forzado a estrecharle la mano al candidato a diputado nacional por el kirchnerismo Martín Insaurralde, llevado a Río de Janeiro para lograr la foto con Francisco dos semanas antes de las elecciones. Se coló en la imagen para sacar rédito electoral. Así osciló el vínculo del Santo Padre con la Argentina. Espontaneidad en los contactos cotidianos, especialmente con sacerdotes y laicos que lo frecuentaban, y la rigidez impuesta muchas veces por las reglas de la política.

La compleja relación con la Argentina, especialmente en materia política, fue reconocida por el propio

Francisco, quien recurrió más de una vez al humor para descomprimir un vínculo de tensión. «¿Usted sabe cómo se suicida un argentino?: se sube arriba de su ego y de ahí se tira abajo», contó el Santo Padre a la periodista mexicana Valentina Alazraki, en una entrevista realizada para la cadena Televisa, en marzo de 2015. También hizo referencia al elevado sentimiento de orgullo nacional en una audiencia que le concedió al entonces presidente de Ecuador, Rafael Correa, a quien le confió —en tono de broma— que muchos de sus compatriotas tal vez esperaban que, al ser elegido Papa, eligiera el nombre de «Jesús II».

El Papa transmitió reiteradamente que siempre tuvo deseos de viajar a la Argentina, un anhelo compartido por la mayoría de sus seguidores. Pero los desencuentros, atribuidos por distintas fuentes políticas y eclesiásticas a sus gestos y definiciones en materia social, alejaron esa posibilidad. En esas críticas se inscriben su mirada sobre «las malas políticas y malas administraciones» que facilitaron el explosivo crecimiento de la pobreza, y su respaldo a dirigentes y movimientos populares que en la Argentina enfrentaron la crisis con cortes de calles y piquetes. Los mensajes de Francisco en materia social se hicieron más intensos y, mientras las agrupaciones de centro y centro derecha (Mauricio Macri en 2015 y Javier Milei en 2023) accedieron al poder en la Argentina, quedaron en evidencia discrepancias que nunca se zanjaron. Eso no quita que el Papa haya conservado y multiplicado el contacto directo con sacerdotes, laicos y dirigentes y personas fuera de la Iglesia.

A medida que el pontificado de Francisco fue avanzando, su plan de reformas y su discurso encontraron resistencias en ámbitos eclesiásticos y en sectores políticos. Muchas de esas críticas partieron de la Argentina. Puertas adentro de la Iglesia se acusó al Papa de provocar «un vaciamiento doctrinal en la Iglesia Católica» y reformular el sentido de la moral cristiana, como describió el doctor Roberto Bosca, al advertir sobre estas reacciones en las propias filas católicas, en un artículo publicado en el diario *La Nación* en febrero de 2022. «En ambientes liberales e ilustrados y en buena parte de la clase media alta y alta de la sociedad, la crítica al Papa deja de lado las cuestiones propiamente dogmáticas y se centra en la materia específica de la doctrina social católica. Este cuestionamiento consiste en haber entronizado la llamada cultura del pobrismo en la comunidad de los fieles, una ideología cuyo origen sus objetores radican en la teología de la liberación, de vibrante desarrollo en los años 60 y 70, así como en su deriva argentina llamada teología del pueblo», explicó Bosca.

La denominada «cultura del pobrismo» no nació con el pontificado de Francisco. Ya en 2005, el filósofo y escritor Alejandro Rozitchner, que asesoró años después a Mauricio Macri durante su presidencia, describió el pobrismo como «una política de la neurosis» que se sustenta en el «fracaso de los procesos de la producción de riqueza». Se suele asociar el pobrismo con la teología del pueblo, que fue desarrollada en la Argentina en los años 60, en los tiempos posteriores al primer peronismo. Entre los principales referentes de la teología del pueblo, que hace hincapié en los pobres como «promotores o creadores de cultura», se destacan los sacerdotes Lucio Gera, Rafael Tello y Juan Carlos Scannone, este último de formación jesuita y profesor de Bergoglio en el seminario de la Compañía de Jesús. Se diferencia de la teología de la liberación en que no ofrece un análisis de la realidad económica y social a partir de una perspectiva marxista, coinciden distintos analistas católicos.

El vínculo de Jorge Bergoglio con los presidentes Néstor Kirchner y Cristina Kirchner, durante su etapa como arzobispo de Buenos Aires, había atravesado fuertes turbulencias. Molesto por las homilías del cardenal, Néstor Kirchner había decidido en 2006 no asistir más a la Catedral de Buenos Aires y ordenó trasladar los tedeums —una tradicional celebración de acción de gracias que se realiza en las fechas patrias— a ciudades del interior del país, donde podía encontrar obispos más dóciles.

En 2008, ya en la presidencia de Cristina Kirchner, se inició una gestión atribuida al entorno del entonces jefe de Gabinete, Sergio Massa, quien se propuso ofrecerle a la Presidenta la cabeza del cardenal Bergoglio. El plan era lograr el traslado del arzobispo de Buenos Aires a un organismo en la estructura de la Santa Sede y promover el nombramiento de algún obispo más afín al pensamiento kirchnerista en la arquidiócesis porteña. La iniciativa se desechó, pero llegó a oídos de Bergoglio, que pasado el tiempo recibió y perdonó a quienes habían tenido participación en la maniobra, pero nunca le abrió las puertas a Massa, ni en Buenos Aires ni en Roma.

En medio de esta relación de distancia y frialdad, la presidenta Cristina Kirchner fue informada de la elección de Bergoglio en Roma mientras encabezaba un acto en la feria Tecnópolis, donde saludó públicamente el nombramiento del «papa latinoamericano», sin mencionar su nombre. En pocas horas, el contexto mundial favorable a la decisión de los cardenales hizo que cambiara de posición. Pasó de la indiferencia a la sobreactuación.

En el giro que permitió el acercamiento a Francisco fue determinante la gestión de Alicia Oliveira, ex jueza porteña y activa defensora de los derechos humanos durante la dictadura militar, que había sido refugiada por Bergoglio en el Colegio Máximo de los jesuitas, en San Miguel, entre otros dirigentes amenazados en esos años oscuros.

Oliveira fue incorporada a la delegación argentina que viajó al Vaticano y Cristina Kirchner tuvo finalmente la audiencia privada con Francisco, el día anterior a la misa de inicio de su pontificado, en marzo de 2013. El Papa la recibió en la residencia de Santa Marta y la mandataria argentina restableció, así, el vínculo con el antiguo adversario político de su esposo, que había fallecido dos años y medio antes. Fue el día en que la Presidenta le regaló un mate al pontífice y le explicó, delante de periodistas de todo el mundo, cómo se prepara esa singular infusión rioplatense en la Argentina. El encuentro a solas incluyó un almuerzo de más de dos horas. Habían cambiado los vientos.

Francisco asumió el pontificado el 19 de marzo en la Plaza San Pedro y, al concluir la celebración, antes de encontrarse con los jefes de Estado y de gobiernos de todo el mundo, mandó llamar a Mauricio Macri, que había asistido al margen de la delegación oficial, para saludarlo en el interior de la Basílica de San Pedro. Un gesto al jefe de Gobierno de la ciudad de Buenos Aires, de donde él provenía, por lo que el dirigente opositor a Cristina Kirchner estrechó la mano del pontífice antes que ella.

En sus últimos dos años de gobierno, tiempo en que enfrentaba una fuerte crisis política y social, Cristina Kirchner intensificó la relación con el Papa y con la Iglesia, lo que levantó una oleada de críticas. Al encuentro en Río de Janeiro —donde el Papa le regaló escarpines para su nieto— siguieron otras visitas. En marzo de 2014 se desarrolló la segunda audiencia de la Presidenta en el Vaticano, al cumplirse un año del pontificado de Francisco, y en septiembre de ese año Cristina Kirchner lo visitó con una nutrida y ruidosa delegación de funcionarios, que generó molestias en el área de ceremonial de la Santa Sede.

Le siguió otra reunión, con agenda abierta y una delegación más acotada, el 7 de junio de 2015, en el salón de audiencias de la sala Paulo VI. En julio siguiente, Cristina aprovechó la visita de Francisco a Paraguay y asistió a la misa multitudinaria que el Papa celebró en el parque Ñu Guasú. Tampoco quiso perderse la histórica visita de Francisco a La Habana, donde celebró una misa en la Plaza de la Revolución y se reunió con Fidel Castro. Fue el último saludo personal de la mandataria argentina al pontífice, tres meses antes de concluir su mandato.

En la Argentina comenzaba a generar críticas la abierta disposición de Francisco para recibir a la referente del kirchnerismo, a quien muchos veían como la principal responsable de la crisis que sumergía al país en la pobreza. Si bien distintas figuras de la política, del peronismo y de la oposición, dirigentes sindicales, referentes de movimientos sociales, jueces y fiscales sacaban pasaje a Roma y, la mayoría de ellos, lo difundían en las redes.

La posibilidad más cercana a que se concretara el postergado viaje del Papa a la Argentina se planteó en 2017, durante el gobierno de Mauricio Macri, en la planificación previa a la visita que el pontífice realizó finalmente a Chile y Perú en enero de 2018. El propio Francisco lo contó en varias entrevistas. Explicó que su intención era llegar a Chile antes de que terminara la segunda gestión de la presidenta Michelle Bachelet, pero el calendario le jugó una mala pasada. Las elecciones en Chile para definir el nuevo presidente en una segunda vuelta se programaron para el 17 de diciembre, por lo que el viaje tenía que pasar a enero. «Y en enero en la Argentina no está ni el loro», afirmó Francisco, al encontrar una explicación que no conformó del todo.

Durante la presidencia de Mauricio Macri (2015-2019), el vínculo fue correcto en lo formal y el Papa lo recibió dos veces en el Vaticano, en febrero y en octubre de 2016, en los días previos a la canonización del cura José Gabriel Brochero. Además, en marzo de 2017, el Papa destrabó el conflicto que la Argentina arrastraba con la Santa Sede desde 2007, cuando el presidente Néstor Kirchner suprimió el Obispado Castrense, a raíz de un conflicto entre su entonces titular, monseñor Antonio Baseotto, y el ministro de Salud, Ginés González García, por una política favorable al aborto. Diez años después, Francisco dio por terminado el entredicho con la designación de monseñor Santiago Olivera como obispo castrense.

Curiosamente, el aborto se cruzó nuevamente en los caminos entre el gobierno argentino y el Vaticano, cuando Macri habilitó en 2018 la discusión por la legalización de la interrupción voluntaria del embarazo en la Argentina, que finalmente, después de intensos debates en el Congreso, en las calles y en los medios, fue rechazada en el Senado por una diferencia de siete votos. Pero la división entre pañuelos verdes (a favor del aborto) y pañuelos celestes (en contra) quedó establecida y la Argentina transitó otra grieta.

Durante la gestión de Alberto Fernández hubo dos funcionarios que tenían nexos con el Vaticano: el ministro de Economía, Martín Guzmán, y el secretario de Asuntos Estratégicos, Gustavo Béliz. Sirvieron como enlaces para que el Papa recibiera al ex mandatario el 31 de enero de 2020, cuarenta días después de su asunción como presidente, y el 13 de mayo de 2021. También contribuyeron para lograr la bendición del Papa a las gestiones que el gobierno argentino afrontaba con el Fondo Monetario Internacional (FMI). Fernández y Francisco se habían visto dos veces en 2018, en una audiencia privada y en un encuentro con el ex canciller brasileño Celso Amorim y el dirigente chileno Carlos Ominami, quienes procuraban la intercesión del Santo Padre para lograr la liberación del entonces detenido Lula da Silva en Brasil. Además, quince años antes, el propio Fernández frecuentaba esporádicamente a Bergoglio en el Arzobispado porteño, cuando era jefe de Gabinete de Kirchner (la mayoría de las veces sin que el Presidente lo supiera).

De poco sirvieron todos esos antecedentes para alcanzar una relación aceitada. El descalabro de la economía, la aprobación de la despenalización del aborto en medio de la pandemia y el acelerado descrédito de la palabra presidencial fueron factores decisivos para que el aval de Francisco a su gestión se debilitara.

Francisco alzó su voz en defensa de los reclamos sociales en distintos formatos, documentos y reuniones, a lo largo de su pontificado. Tal vez los mensajes que alcanzaron mayor resonancia política fueron sus pronunciamientos en los Encuentros Mundiales de Movimientos Populares (EMP), en los que insistió en garantizar el acceso a las tres T: techo, tierra y trabajo. Una demanda que se extendió, pero que en los hechos quedó cristalizada como una consigna política.

El Papa dio un fuerte impulso a las tres primeras convocatorias de los EMP en los años iniciales de su ministerio. Convocó a los dirigentes sociales en 2014, en Roma; en 2015, en Santa Cruz de la Sierra, durante su visita pastoral a Bolivia, y en 2016, nuevamente en Roma. En septiembre de 2024 celebró los diez años de la iniciativa con un mensaje de fuerte contenido político, que compartió con dirigentes sociales, con quienes se sentó alrededor de una mesa en el Vaticano. Entre ellos estaba Juan Grabois, fundador del Movimiento de Trabajadores Excluidos (MTE) y de la Unión de Trabajadores de la Economía Popular en la Argentina, con una activa presencia en la política local. Desarrolló un vínculo cercano con Bergoglio antes de la llegada del cardenal a Roma, cuando celebraba en Buenos Aires las misas contra la trata de personas y el trabajo esclavo. Desde hace unos años, Grabois es miembro del Dicasterio para el Servicio del Desarrollo Humano Integral del Vaticano y sostiene intensos debates públicos con la dirigencia política, principalmente en la Argentina.

«Tierra, techo y trabajo, eso por lo que ustedes luchan, son derechos sagrados. Reclamar esto no es nada raro, es la doctrina social de la Iglesia», proclamó Francisco en el encuentro de 2014, al bendecir las demandas de las organizaciones sociales. Llamó severamente la atención sobre otra dimensión dramática en el mundo: el hambre. «Cuando la especulación financiera condiciona el precio de los alimentos, tratándolos como a cualquier mercancía, millones de personas sufren y mueren de hambre», alertó el Papa.

«Hay consenso en que Francisco llevó al escenario internacional una realidad silenciada. Visibilizó un drama social que afecta a numerosas franjas de la población mundial, pero en la Argentina el debate no supera el umbral de las peleas y chicanas, y todo queda enredado en las disputas políticas estériles de la dirigencia», evaluó un referente de la Iglesia. En el mensaje que Francisco ofreció en el décimo aniversario del primer encuentro con los movimientos populares, el Santo Padre ratificó la centralidad de los pobres y llamó, incluso, a evitar situaciones de violencia. Revalorizó el derecho a la protesta y cuestionó duramente el uso de gas pimienta por las autoridades policiales para frenar los reclamos en una protesta frente al Congreso por los recortes a los jubilados.

Expuso, así, las primeras críticas a la administración de Javier Milei en su primer año de gobierno en la Argentina. El mensaje de Francisco en favor de los pobres, reforzado en el encuentro con los movimientos populares, resumió la posición del Papa frente al gobierno libertario y tuvo más contundencia que la imagen de cordialidad transmitida en el encuentro personal entre ambos, en febrero de 2024, cuando el presidente argentino visitó el Vaticano, junto con su hermana Karina Milei, para asistir a la canonización de Mama Antula, la primera santa argentina. Francisco había llamado por teléfono a Milei para felicitarlo por su victoria electoral a fines de 2023. En esa conversación se dio un diálogo respetuoso y el Papa le envió después sendos rosarios al líder libertario y a la vicepresidenta Victoria Villarruel, a quien recibió más adelante, en octubre de 2024.

La relación de Francisco con la Argentina merece analizarse, también, a la luz del vínculo desarrollado con la Iglesia de su país. No solo mantuvo una relación de afecto y cercanía con varios de los obispos y sacerdotes, sino que los nombramientos episcopales que promovió en su patria delinearon un perfil ajustado a sus prioridades pastorales: una Iglesia más abierta, con capacidad para «atraer a todos» y afrontar los nuevos desafíos, en un mundo cada vez más secularizado.

La renovación de la Conferencia Episcopal Argentina, que reúne a todos los obispos del país en un órgano colegiado y que Bergoglio presidió entre 2005 y 2011, no fue inmediata. A partir de la elección como presidente del cuerpo al obispo de San Isidro, monseñor Oscar Ojea, en noviembre de 2017, se avanzó en una mayor sintonía con el Papa, reflejada en pronunciamientos más enérgicos para denunciar el alarmante crecimiento de la pobreza y las amenazas de la dura realidad social, como el narcotráfico y el crimen organizado. Ojea fue un ferviente impulsor del diálogo y de la construcción de puentes para superar la fragmentación y la crisis social, línea que desde noviembre de 2024 continúa su sucesor en el Episcopado, el arzobispo de Mendoza, monseñor Marcelo Colombo.

Francisco tiene una línea directa y personal con los obispos. Uno de sus principales referentes, monseñor Víctor Manuel Fernández, fue promovido a arzobispo de La Plata, una sede eclesiástica históricamente conservadora, manejada en los veinte años anteriores por el arzobispo Héctor Aguer. En julio de 2023, Fernández fue llevado por Francisco a Roma para conducir el Dicasterio de la Doctrina de la Fe, el organismo que el cardenal Ratzinger dirigió durante veinticinco años, al lado de Juan Pablo II. Las instrucciones que le dio el Papa apuntaron a «custodiar la enseñanza que brota de la fe» y dejar de «señalar y condenar» a los teólogos que no se ajustan a determinados criterios. Al mismo tiempo de su traslado al Vaticano, Francisco lo nombró cardenal.

Hay otros dos cardenales argentinos, además de «Tucho» Fernández y Mario Poli, arzobispo emérito de Buenos Aires. Uno de ellos es el jesuita Ángel Rossi, arzobispo de Córdoba. Es muy crítico del crecimiento desmesurado de las apuestas *on line* y el juego, por los daños y adicciones que producen en los adolescentes, y también de los recurrentes ajustes a jubilados. El otro cardenal es el arzobispo de Santiago del Estero, monseñor Vicente Bokalic, que colaboró con Bergoglio como obispo auxiliar de Buenos Aires y fue promovido por Francisco cuando decidió jerarquizar la diócesis santiagueña, en 2024. La convirtió en «arquidiócesis primada», a modo de reparación histórica, por tratarse de la sede eclesiástica más antigua del país. Hasta ese momento ostentaba ese título la arquidiócesis porteña.

El Arzobispado de Buenos Aires es conducido desde mayo de 2023 por monseñor Jorge Ignacio García Cuerva, formado en la diócesis de San isidro y con un largo recorrido por barrios vulnerables y periféricos. Fue obispo auxiliar de Lomas de Zamora y obispo de Río Gallegos, su ciudad natal, durante cuatro años. En el amplio universo de la Iglesia argentina, el sector de los curas de villas y barrios populares expresa con más energía la adhesión a la línea pastoral que trazó Francisco para construir «una Iglesia pobre para los pobres». Su referente más directo es el actual arzobispo de La Plata, monseñor Gustavo Carrara, con un amplio recorrido en la Pastoral Villera. Durante varios años fue párroco de la iglesia Santa María Madre del Pueblo, en la Villa 1-11-14 de Flores, hoy conocida como Barrio Ricciardelli.

TRECE

La Iglesia de Francisco: un renovado plan pastoral. El cuidado de la casa común y el destino universal de los bienes. Llamados y gestos para prevenir la guerra

«Me duele ver curas o monjas con autos último modelo. ¡No se puede! Mejor ir en bicicleta o usar un auto más humilde. ¡Piensen en los chicos que se mueren de hambre!». En un mensaje directo, al predicar en una misa con 6000 seminaristas y novicios de todo el mundo, Francisco marcó en las primeras semanas de su pontificado las líneas de austeridad y coherencia que debían regir en la nueva etapa de la Iglesia. Sintetizó las orientaciones en la exhortación apostólica *Evangelii gaudium*, presentada el 24 de noviembre de 2013. Este documento constituye la base programática de su misión al frente de la Iglesia y uno de sus principales legados.

El año 2013 había comenzado con un impacto demoledor para los católicos: la renuncia de Benedicto XVI, la primera dimisión de un papa en seiscientos años.

Antes de dar vuelta la última página del calendario de su primer año en Roma, Francisco se propuso hacer un fuerte llamado a los cristianos para transmitir «la alegría del Evangelio» y recuperar el sentido de una Iglesia misionera, que saliera al encuentro de la sociedad y no se dejara dominar por el desaliento. Lo marcó con claridad en un mensaje dirigido especialmente a la propia tropa: «Repito aquí para toda la Iglesia lo que muchas veces he dicho a los sacerdotes y laicos de Buenos Aires: prefiero una Iglesia accidentada, herida y manchada por salir a la calle, antes que una Iglesia enferma por el encierro y la comodidad de aferrarse a las propias seguridades». Y prosiguió: «Más que el temor a equivocarnos, espero que nos mueva el temor a encerrarnos en las estructuras que nos dan una falsa contención, en las normas que nos vuelven jueces implacables, en las costumbres donde nos sentimos tranquilos, mientras afuera hay una multitud hambrienta y Jesús nos repite sin cansarse: ¡Dadles vosotros de comer!».

El Papa dio un lugar de preeminencia, así, a «la opción preferencial por los pobres», que había asomado en el Concilio Vaticano II y que se profundizó en los documentos de la Iglesia latinoamericana en los años 60 y 70. «La opción por los pobres es una categoría teológica antes que cultural, sociológica, política o filosófica. [...] Por eso quiero una Iglesia pobre para los pobres. Ellos tienen mucho que enseñarnos, en sus propios dolores conocen al Cristo sufriente. Es necesario que todos nos dejemos evangelizar por ellos», instruyó el Santo Padre al dar a conocer la hoja de ruta de su misión pastoral.

Además de profundizar los principios surgidos del Concilio Vaticano II, *Evangelii gaudium* presenta el sello pastoral de Francisco y se convirtió en un instrumento de trabajo para las parroquias. Es un llamado a los sacerdotes y a los agentes pastorales para «salir de la propia comodidad y llegar a las periferias, ir al encuentro, buscar a los lejanos y llegar a los cruces de los caminos para invitar a los excluidos». Al mismo tiempo, el Santo Padre advirtió en el documento sobre las limitaciones del mercado y expresó que el compromiso del cristiano no consiste exclusivamente en acciones o programas de promoción y asistencia. Desalentó, incluso, el impulso de «un desborde activista».

Al exponer un tema que generó intensos debates en los años siguientes, especialmente en sociedades castigadas por la crisis y la fragmentación, el Papa insistió en que los planes de ayuda asistencial debían ser pasajeros y que se requería encontrar soluciones urgentes. «La necesidad de resolver las causas estructurales de la pobreza no puede esperar, no solo por una exigencia pragmática de obtener resultados y de ordenar la sociedad, sino para sanarla de una enfermedad que la vuelve frágil e indigna y que solo podrá llevarla a nuevas crisis. Los planes asistenciales, que atienden ciertas urgencias, solo deberían pensarse como respuestas pasajeras. Mientras no se resuelvan radicalmente los problemas de los pobres, renunciando a la autonomía absoluta de los mercados y de la especulación financiera y atacando las causas estructurales de la inequidad, no se resolverán los problemas del mundo y, en definitiva, ningún problema», escribió. Abordó también en *Evangelii gaudium* la cuestión del lugar de la mujer en la Iglesia. «Todavía es necesario ampliar los espacios para una presencia femenina más incisiva, porque el genio femenino es necesario en todas las expresiones de la vida social».

Francisco puso el ojo, además, en las prácticas y estrategias pastorales de la Iglesia frente al desafío de la evangelización. «No sirven ni las propuestas místicas sin un fuerte compromiso social y misionero, ni los discursos y praxis sociales o pastorales sin una espiritualidad que transforme el corazón. Esas propuestas parciales y desintegradoras solo llegan a grupos reducidos y no tienen fuerza de amplia penetración, porque mutilan el Evangelio», alertó. Dijo que la nueva etapa requiere «fervor y dinamismo» y resumió distintos desafíos, en función de los principios surgidos en el Concilio Vaticano II. Los retos que se deben atender, a juicio de Francisco, son la reforma de la Iglesia en salida misionera, las tentaciones de los agentes pastorales, la Iglesia entendida como la totalidad del Pueblo de Dios que evangeliza, la homilía y su preparación, la inclusión social de los pobres, la paz y el diálogo social y las motivaciones espirituales para la tarea misionera.

Sorprendió el nivel de detalle de algunas de sus propuestas, como la predicación de los pastores, momento de la misa que define como «el diálogo de Dios con su pueblo». Dijo que «la homilía no puede ser un espectáculo entretenido, no responde a la lógica de los recursos mediáticos, pero debe darle el fervor y el sentido a la celebración». Debe ser breve, evitar parecerse a una charla o una clase y la palabra del predicador no puede ser más importante que la celebración de la fe.

Mientras elaboraba estas propuestas programáticas, el Papa difundió una carta apostólica para avanzar en la prevención y la lucha contra el blanqueo, la financiación del terrorismo y la proliferación de armas de destrucción masiva. Le preocupaba sobremanera el impacto de las finanzas. En una entrevista con el periodista Jorge Fontevecchia, al cumplir diez años en el Vaticano, expresó que «Juan Pablo II siempre habló de la economía social de mercado y hacía hincapié en ese carácter social. Se puede dialogar muy bien con la economía y lograr pasos de entendimiento. En cambio, no se puede dialogar bien con las finanzas. La finanza es gaseosa, líquida, inasible, no es concreta. Es una expresión de la economía que produce exclusión e injusticias. Hay chicos que mueren de hambre», definió. Advertía, en esa línea, sobre «el fetichismo del dinero». Según datos del Banco Mundial, unos 690 millones de personas en el mundo vivían en la pobreza extrema en 2023, con menos de 2,15 dólares diarios.

Otro grito de alerta planteado por Francisco que impacta con singular fuerza dentro y fuera de la Iglesia fue la encíclica *Laudato si*, que denuncia el clamor de la tierra por «el uso irresponsable y del abuso de los bienes que Dios ha puesto en ella». Es un llamado a la protección de la casa común y busca despertar las conciencias sobre los riesgos a los que todos nos exponemos en el mundo frente a la crisis climática, la pérdida de la biodiversidad y la sostenibilidad ecológica. El inédito pronunciamiento de la Iglesia en el tercer año del pontificado de Francisco puso en primer plano la amenaza ambiental, cuyos efectos son negados o puestos en duda por grupos conservadores y factores de poder.

Valorada tal vez con más entusiasmo fuera de la Iglesia que dentro de ella, *Laudato si* llama también a dar respuestas al «clamor de los pobres» y ratifica la defensa de la vida humana desde la concepción hasta la muerte, principio que se extiende a «todas las formas de vida en la Tierra». La encíclica ecológica aborda la problemática ambiental desde varias perspectivas: religiosa, ética, económica, social y política.

Aunque algunos líderes internacionales pusieron en duda la advertencia de Francisco, como el estadounidense Donald Trump y el argentino Javier Milei, los expertos estiman que el cambio climático podría obligar a 216 millones de personas a migrar dentro de sus propios países hacia el año 2050, entre otros efectos.

La encíclica fue dada a conocer en mayo de 2015 y presenta el clima como «un bien común, de todos y para todos». Y expresa que hay un consenso científico muy consistente que indica que nos encontramos ante un preocupante calentamiento del sistema climático. El calentamiento de la Tierra se refleja en el constante crecimiento del nivel del mar y el aumento de eventos meteorológicos extremos, que obligan a tomar conciencia de la necesidad de realizar cambios de estilos de vida, de producción y de consumo, para combatir las causas de un fenómeno preocupante. «Numerosos estudios científicos señalan que la mayor parte del calentamiento global de las últimas décadas se debe a la gran concentración de gases de efecto invernadero (dióxido de carbono, metano, óxidos de nitrógeno y otros) emitidos, sobre todo, a causa de la actividad humana», añade Francisco.

En ese sentido, distintas investigaciones coinciden en que los países de mayores ingresos representan el 16% de la población mundial, pero generan el 31% de las emisiones de gases de efecto invernadero. Estados

Unidos, con 26 toneladas de dióxido de carbono equivalente (CO_2e), y Australia, con 23 toneladas, registran los niveles de emisiones de gases de efecto invernadero per cápita más altos.

En otra definición no exenta de polémica, Bergoglio ratificó en *Laudato si* el destino universal de los bienes y la subordinación de la propiedad privada al bien común. Más adelante, en 2021, Francisco expresó el mismo principio en un mensaje a la Organización Internacional del Trabajo (OIT). Ya en la encíclica *Rerum novarum*, piedra angular del magisterio de la Iglesia en materia social, su antecesor León XIII proclamó en 1891 que el bien común y el destino universal de los bienes son principios irrenunciables. Un siglo más tarde, Juan Pablo II ratificó en *Centesimus Annus* que la propiedad privada no es un valor absoluto y se complementa con el principio que establece el destino universal de los bienes. Y sostuvo que «la *Rerum novarum* critica los dos sistemas sociales y económicos: el socialismo y el liberalismo».

Con el mismo espíritu, el papa argentino afirmó en *Laudato si* que «la tierra es esencialmente una herencia común, cuyos frutos deben beneficiar a todos», y sostuvo que «todo planteo ecológico debe incorporar una perspectiva social que tenga en cuenta los derechos fundamentales de los más postergados». Insistió, así, en que «el principio de la subordinación de la propiedad privada al destino universal de los bienes y el derecho universal a su uso es una «regla de oro» del comportamiento social y el «primer principio de todo el ordenamiento ético-social», al citar la doctrina de Juan Pablo II en el documento *Laborem exercens*, de 1981. Expresó inequívocamente que «la tradición cristiana nunca reconoció como absoluto o intocable el derecho a la propiedad privada y subrayó la función social de cualquier forma de propiedad privada».

El pontífice argentino compartió sus reflexiones como un «desafío educativo», al sostener que «la conciencia de la gravedad de la crisis cultural y ecológica necesita traducirse en nuevos hábitos». Y señaló que «en los países que deberían producir los mayores cambios de hábitos de consumo, los jóvenes tienen una nueva sensibilidad ecológica y un espíritu generoso, y algunos de ellos luchan admirablemente por la defensa del ambiente, pero han crecido en un contexto de altísimo consumo y bienestar que vuelve difícil el desarrollo de otros hábitos». La encíclica se constituyó en un puente que fortaleció la conexión del Santo Padre con los jóvenes.

Con *Laudato si*, cuyo título rescata el cántico de las criaturas «Alabado seas», de San Francisco de Asís, el Papa quiso que la Iglesia asumiera un compromiso activo en la promoción de la ecología integral. Fruto de esa decisión surgió el Movimiento Laudato Si, presente en todos los continentes, que trabaja para concientizar sobre la crisis que afecta al ambiente, promover una conversión ecológica y llevar el mensaje de Francisco a las distintas comunidades. Si *Evangelii gaudium* es el documento programático de su pontificado, *Laudato si* es la carta que enlaza a Francisco con creyentes y no creyentes, como una guía de principios y acciones para salvar el mundo. Los animadores del Movimiento Laudato Si contribuyen a la difusión de la encíclica en todo el mundo y, principalmente, a la puesta en práctica de sus enseñanzas.

Como en otros aspectos del pontificado de Francisco, la encíclica *Laudato si* concentró miradas negativas por la visión que transmite sobre el libre mercado. Por ejemplo, la carta del Papa expresa que «mientras se deteriora constantemente la calidad del agua disponible, en algunos lugares avanza la tendencia a privatizar este recurso escaso, convertido en mercancía que se regula por las leyes del mercado».

En octubre de 2020, el papa argentino firmó sobre la tumba de San Francisco de Asís la encíclica social de su magisterio, *Fratelli tutti*, acerca de la fraternidad y la amistad social. El texto aborda la manipulación y deformación de los conceptos de democracia, libertad y justicia, la pérdida del sentido de lo social y de la historia, el egoísmo y la falta de interés por el bien común, la prevalencia de una lógica de mercado basada en el lucro y la cultura del descarte, el desempleo, el racismo, la pobreza y la desigualdad de derechos, entre otras realidades de los nuevos tiempos.

El Papa reflexiona, además, sobre las situaciones de injusticia que enfrentan los inmigrantes, los miedos fomentados y explotados con fines políticos, la difusión de una mentalidad xenófoba frente al fenómeno migratorio y la necesidad de abrir corredores humanitarios para los refugiados más vulnerables. Y llama a ser capaces de «reaccionar con un nuevo sueño de fraternidad y de amistad social que no se quede en las palabras».La última encíclica de Francisco es *Dilexit nos*, sobre «el amor humano y divino en el Sagrado Corazón de Jesucristo», en octubre de 2024".

Francisco institucionalizó las reformas de la Curia romana con la constitución apostólica *Predicate Evangelium*, promulgada en marzo de 2022, que condensó los cambios que se venían ejecutando desde la creación del Consejo de Cardenales. Cerca del Papa entendían que el proceso había comenzado aun antes de la asunción del Papa, con las discusiones que se habían generado en las congregaciones generales previas al cónclave, donde el mensaje del cardenal Jorge Bergoglio en favor de una Iglesia en salida, que no quedara atada a las estructuras, impactó entre los purpurados.

Los primeros avances en la reformulación de la estructura de la Curia romana se dieron en 2014, con los cambios en las instituciones económico-financieras de la Santa Sede. Se instituyó el Consejo para la Economía, que supervisa la gestión de las áreas administrativas y financieras de los dicasterios, los virtuales ministerios que acompañan al Papa y cuyas tareas están sometidas a la fiscalización de una Auditoría General.

Francisco creó, también, la Secretaría para la Economía, que tiene la misión de controlar y dirigir a la Curia. Coordina los asuntos económicos y administrativos de la Santa Sede y del Estado de la Ciudad del Vaticano y tiene las competencias en materia de personal, que antes correspondían a la Secretaría de Estado.

A los cambios en la estructura de la Curia, que apuntan a materializar el espíritu del Concilio Vaticano II, se sumó la renovación de sus integrantes, con una presencia más activa de los laicos. Se incrementó la presencia de mujeres, que progresivamente fueron asumiendo más responsabilidades. En 2016, Barbara Jatta fue nombrada directora de los Museos Vaticanos. En 2021, Alessandra Smerilli fue designada secretaria del Dicasterio para el Servicio del Desarrollo Humano Integral, uno de los ministerios más importantes en la estructura vaticana. A eso se sumó en marzo de 2025 la designación de la religiosa franciscana Raffaella Petrini como presidenta de la Gobernación del Vaticano, donde en los tres años anteriores se había desempeñado como secretaria general. Entre las principales novedades, la monja italiana Simona Brambilla asumió en 2023 al frente del Dicasterio para los Institutos de Vida Consagrada y las Sociedades de Vida Apostólica. Es la primera mujer en la historia que conduce un ministerio en la Santa Sede. Su misión consiste en supervisar el funcionamiento de todas las órdenes religiosas en el mundo, tanto los monasterios de monjes como de monjas.

Algunas estimaciones indican que la participación de mujeres en la estructura de la Santa Sede pasó del 19% en 2013 al 23,4% en 2023.

Atento a las amenazas y los conflictos desplegados en el mundo, Francisco abordó en distintos mensajes problemáticas extendidas, como la trata de personas y «la guerra mundial en pedacitos», que se expresa en distintos escenarios de violencia. Le preocupaba esencialmente la guerra civil en Siria, que estalló en 2011 y había derivado en una crisis humanitaria, con más de 350.000 muertos. Ante la masacre, el Papa encabezó una jornada de ayuno y oración por la paz, que reunió a 100.000 personas en la Plaza San Pedro.

Además, el Papa envió una carta al presidente de la Federación Rusa, Vladimir Putin, que recibía en San Petersburgo a los líderes del G-20, el grupo de las veinte mayores economías del mundo, que representaban las dos terceras partes de la población y el 90% del PBI global. Francisco les pidió a los jefes de Estado y de gobierno presentes en la reunión que reflexionaran sobre la situación en Oriente Medio y, en particular, en Siria. «Desgraciadamente, es doloroso constatar que demasiados intereses de parte han prevalecido desde que empezó el conflicto sirio, impidiendo hallar una solución que evitara la inútil masacre a la que estamos asistiendo. Que los líderes de los Estados del G-20 no permanezcan inertes frente a los dramas que vive ya desde hace demasiado tiempo la querida población siria y que corren el riesgo de llevar nuevos sufrimientos a una región tan probada y necesitada de paz», les pidió.

En un párrafo que podría considerarse premonitorio, Francisco le dijo a Putin en la carta: «En esta perspectiva, parece claro que en la vida de los pueblos los conflictos armados constituyen siempre la deliberada negación de toda posible concordia internacional, creando divisiones profundas y heridas lacerantes que requieren muchos años para cicatrizar. Las guerras constituyen el rechazo práctico a comprometerse para alcanzar esas grandes metas económicas y sociales que la comunidad internacional se ha dado». Meses más tarde, en febrero de 2014, Putin ordenaba una ofensiva militar para anexar la provincia de Crimea y ocho años más tarde invadió el territorio de Ucrania, en una guerra que puso en vilo a Occidente.

El Papa vive con profunda preocupación, desde el primer momento, la guerra entre Rusia y Ucrania. Al día siguiente de la invasión, en febrero de 2022, Francisco suspendió las audiencias y se trasladó personalmente a la embajada de la Federación Rusa ante la Santa Sede para pedir que cesaran los bombardeos. La respuesta se la envió más tarde el canciller Serguéi Lavrov, quien argumentó que «no era el momento adecuado». También se puso a disposición del presidente de Ucrania, Volodímir Zelenski, a quien recibió dos veces en el Vaticano. Pero el negocio de las armas no dejó de facturar. Desde el 24 de febrero de 2022, la guerra entre Rusia y Ucrania lleva más de tres años y ya dejó más de 280.000 muertos y 400.000 heridos, según datos de la prensa internacional.

CATORCE

El grito silencioso de las pequeñas víctimas. La nueva política para dar protección a los menores. Los viajes de Francisco. Dos intentos de atentado

«El día que me traigan pruebas contra el obispo [Juan] Barros, hablaré. No hay ni una sola prueba en su contra. Todo es calumnia. ¿Está claro?», expresó enérgicamente Francisco durante su visita a Chile, en enero de 2018, cuando le plantearon fuertes reclamos por el nombramiento del obispo de Osorno, en el sur del país, que llevaba tres años en el cargo, en medio de denuncias por encubrimiento y complicidad en casos de abusos sexuales contra menores en la Iglesia. Cinco meses después, en junio y ya en Roma, luego de haber recibido un informe exhaustivo de 2300 páginas con pruebas que antes le habían ocultado, el Papa admitió «graves errores» y desplazó a Barros y a otros dos obispos chilenos: Cristián Caro, de Puerto Montt, y Gonzalo Duarte, de Valparaíso. En mayo, treinta y cuatro obispos chilenos fueron convocados por Francisco al Vaticano para dar explicaciones. En septiembre, el Papa ordenó la expulsión del sacerdote Fernando Karadima, el caso de pederastia más emblemático de la Iglesia chilena. De fuerte ascendencia en el clero de su país, Karadima tenía 88 años y murió tres años después.

Los escándalos de pedofilia constituyen la página más oscura de la Iglesia y una de las cuestiones más graves y delicadas que le tocó afrontar a Francisco, quien profundizó la consigna de la «tolerancia cero» que había dictado su antecesor Benedicto XVI. Antes era un tema que la Iglesia callaba. «Basta con que en la Iglesia salga a la luz un solo caso de abuso para que ya sea en sí mismo una monstruosidad», definió Francisco.

«Todo abuso es siempre una monstruosidad. En la justificada rabia de la gente, la Iglesia ve el reflejo de la ira de Dios. Tenemos el deber de escuchar atentamente este grito silencioso», declaró el papa argentino en febrero de 2019, al encabezar una cumbre para analizar el flagelo de la pedofilia en la Iglesia, en la que participaron 190 miembros de la jerarquía católica, incluidos los presidentes de las conferencias episcopales de todo el mundo. En varios de sus viajes, Francisco reservó espacios en su agenda para dialogar con víctimas de abusos sexuales perpetrados por miembros de la Iglesia.

El caso de Chile dejó al descubierto una red de complicidades que llegó a transmitirle información incompleta, errónea o falsa al propio pontífice. Los casos de abusos en la Iglesia comenzaron a salir a la luz en 2002, al revelarse escándalos en la arquidiócesis de Boston, a partir de investigaciones periodísticas del diario *The Boston Globe*. Hubo también denuncias y revelaciones con fuerte impacto en Irlanda, Francia y Alemania, donde se formaron comisiones independientes para llevar adelante investigaciones.

En el paso más avanzado que se dio en esta problemática, en junio de 2021 Francisco incorporó la tipificación de la pedofilia en el Código de Derecho Canónico. Lo configuró como un delito contra «la vida, la dignidad y la libertad humana». La norma canónica castiga con «la privación del oficio y con otras justas penas, sin excluir la expulsión del estado clerical si el caso lo requiriese», al clérigo que cometa un delito contra un menor. Ya en 2010, el papa Benedicto XVI había añadido entre los delitos más graves «la adquisición, retención y divulgación de material pornográfico que implique a menores» realizada por un clérigo.

Sin restarles gravedad a los casos aberrantes en la Iglesia, Francisco mencionó en el cierre del encuentro sobre «La protección de los menores en la Iglesia», que se extendió durante cuatro jornadas en el Vaticano, que nueve de cada diez mujeres que han tenido relaciones sexuales forzadas declararon «haber sido víctimas de una persona conocida o cercana a la familia». Agregó que en Estados Unidos más de 700.000 niños eran víctimas de violencia o maltrato cada año, según el International Center for Missing and Exploited Children, y dijo que en Europa 18 millones de niños eran víctimas de abusos sexuales.

Bergoglio afirmó que «la plaga de la pornografía ha alcanzado enormes dimensiones, con efectos funestos sobre la psiquis y las relaciones entre el hombre y la mujer, y entre ellos y los niños», al advertir que se trata de «un fenómeno en continuo crecimiento». Y mencionó que «otra plaga es el turismo sexual: según datos de 2017 de la Organización Mundial del Turismo, cada año en el mundo tres millones de personas emprenden un viaje para tener relaciones sexuales con un menor». Y alertó: «Estamos ante un problema universal y transversal, que desgraciadamente se verifica en casi todas partes. Debemos ser claros: la universalidad de esta plaga, a la vez que confirma su gravedad en nuestras sociedades, no disminuye su monstruosidad dentro de la Iglesia», afirmó Francisco. Y mencionó que, en muchos casos, el delito va acompañado del abuso de poder y de manipulación.

El Papa insistió en que los casos de abuso son «una monstruosidad» y prometió que serían afrontados «con la mayor seriedad». Por recomendación del Consejo de Cardenales, el Santo Padre había creado en marzo de 2014 la Comisión Pontificia para la Protección de los Menores y puso al frente de ella al cardenal Seán

Patrick O'Malley, fraile capuchino y arzobispo emérito de Boston. Uno de los miembros de la comisión es el laico chileno Juan Carlos Cruz, una víctima de abusos sexuales del clero de su país, que tuvo influencia en el giro que mostró Francisco frente al caso de Chile. En el encuentro de 2019, el pontífice garantizó la colaboración de la Iglesia con la Justicia y advirtió sobre la necesidad de «proteger a los menores en el mundo digital».

Según datos que surgen de una investigación independiente, hubo 216.000 víctimas de abusos en casos cometidos por el clero de Francia entre 1950 y 2020. En Australia, otra investigación mostró que en 2017 unos 4500 presuntos incidentes de abuso habían sido denunciados a las autoridades eclesiásticas y casi ninguno de ellos fue investigado. «Con vergüenza y arrepentimiento, la Iglesia tiene que pedir perdón por el terrible daño que esas personas consagradas han cometido al abusar sexualmente de niños, un crimen que genera profundas heridas de dolor y de impotencia, ante todo en las víctimas, pero también en sus familiares y en toda la comunidad», señaló el papa argentino.

«No se puede tolerar ningún silencio ni ninguna ocultación en este tema, ni fuera de la Iglesia ni mucho menos en su seno. No es un asunto negociable», insistió el Papa, en uno de los mensajes a la comisión pontificia constituida para asegurar una tutela efectiva de los menores y también de los adultos vulnerables.

En su visita a Bélgica, en septiembre de 2024, Francisco advirtió que «la resonancia del grito silencioso de los pequeños que, en vez de encontrar paternidad y guía espiritual encontraron unos verdugos, hará temblar los corazones anestesiados por la hipocresía y por el poder. Aunque las estadísticas a nivel mundial revelan que la mayoría de los abusos tienen lugar en el seno de la familia o en el barrio, y que esta plaga es un drama que afecta a todos los ámbitos de la sociedad, tal consideración no puede eximirnos nunca del compromiso ni de la responsabilidad: es nuestra vergüenza y nuestra humillación».

«La guerra es una locura. Su programa de desarrollo es la destrucción: ¡crecer destruyendo!», exclamó en septiembre de 2014 el papa Francisco en su visita al monumento militar de Redipuglia, a 642 kilómetros de Roma, sobre la colina Sei Busi, al cumplirse el centenario del comienzo de la Primera Guerra Mundial. Más de 100.000 caídos descansan en el mayor camposanto de Italia. «La avaricia, la intolerancia y la ambición de poder son motivos que alimentan el espíritu bélico y, a menudo, encuentran justificación en una ideología, pero antes está la pasión, el impulso desordenado», reflexionó el Santo Padre al recorrer el Memorial. Recordó que «la ideología es una justificación y, cuando no es la ideología, está la respuesta de Caín: ¿A mí qué me importa?, ¿Soy yo el guardián de mi *hermano*? Es el legado desvergonzado de la guerra. Y estos planificadores del terror, estos organizadores del desencuentro, así como los fabricantes de armas, llevan escrito en el corazón: ¿A mí qué me importa?», denunció el pontífice. Para el Santo Padre, la Primera Guerra Mundial abrió una compuerta y «desde entonces, en todos los conflictos, de Oriente Próximo a los Balcanes, de Asia a África, la inmensa mayoría de las víctimas —hasta el 80% en este principio del siglo XXI— pertenecen a la población civil».

Mensajes similares transmitió en otras visitas a lugares símbolos de la Segunda Guerra Mundial, como parte de su alerta por la «tercera guerra mundial en pedacitos» que denunció en su pontificado. «¡Deténganse, fabricantes de armas! La guerra se come a los hijos de la patria. Estas tumbas hablan, gritan por sí mismas, gritan por la paz», dijo al llegar en 2017 al Cementerio Militar francés en Roma, en noviembre de 2021, como lo había hecho en 2017, en su visita al Cementerio Americano de Nettuno.

El negocio de las armas y las frágiles condiciones de vida de miles de refugiados, víctimas de matanzas y conflictos, fueron temas abordados con frecuencia y preocupación por Francisco, que realizó 47 viajes fuera de Italia en sus doce años de pontificado.

Unas 300.000 personas recibieron a Francisco en enero de 2015 en el aeropuerto de Colombo, en su visita a Sri Lanka, donde condenó el fundamentalismo religioso. Partió, luego, a Manila, la capital de Filipinas, cuya población no se había recuperado todavía de los efectos del tifón Yolanda (Hauyan), uno de los ciclones tropicales más devastadores, que provocó 10.000 muertos y daños por 2800 millones de dólares.

En junio viajó a Bosnia y Herzegovina, donde habló de la percepción de «un clima de guerra». En una misa celebrada en Sarajevo, advirtió que «hay quien quiere crear y fomentar este clima deliberadamente, en particular los que buscan la confrontación entre las distintas culturas y civilizaciones, y también cuantos especulan con las guerras para vender armas. Pero la guerra significa niños, mujeres y ancianos en campos de refugiados, desplazamientos forzados, casas, calles, fábricas destruidas y, sobre todo, vidas truncadas. Vosotros lo sabéis bien, por haberlo experimentado precisamente aquí».

Al mes siguiente visitó Ecuador, Bolivia y Paraguay, donde se reunió con multitudes y pidió perdón por los crímenes contra los indígenas durante el período de la conquista de América. En una misa celebrada en el

Parque de los Samanes, en Guayaquil, rescató el valor de la familia, donde «se aprende a pedir permiso sin avasallar, a decir gracias y a pedir perdón». El Papa enseñó que «la familia es la primera escuela, el grupo de referencia para los jóvenes, es el mejor asilo para los ancianos. La familia constituye la gran "riqueza social", que otras instituciones no pueden sustituir».

Siguió después, en septiembre de 2015, un histórico viaje a Cuba y Estados Unidos, en el que se reunió con el legendario Fidel Castro y su hermano Raúl, que ejercía la presidencia, en La Habana, y con Barack Obama en Washington. Fue el punto de partida de las gestiones del Papa y de la diplomacia vaticana para lograr un acercamiento que pusiera fin al bloqueo norteamericano contra la isla y un compromiso de Cuba para disponer la liberación de presos políticos. Pero el posterior cambio de gobierno en Estados Unidos, tras las elecciones ganadas en noviembre de 2016 por Donald Trump, congeló esas gestiones.

Francisco celebró una misa en la Plaza de la Revolución, en La Habana, y visitó el santuario nacional de la Virgen de la Caridad del Cobre, en Santiago de Cuba. El 20 de septiembre se reunió durante cuarenta minutos con Fidel Castro, quien había estudiado unos años en su adolescencia con los jesuitas. Tres días después canonizó en Washington a fray Junípero Serra. El Papa también visitó Filadelfia para presidir el Encuentro

Mundial de las Familias y el 23 de septiembre se reunió con Barack Obama en la Casa Blanca, donde sus antecesores Juan Pablo II y Benedicto XVI habían sido recibidos, respectivamente, por los presidentes Jimmy Carter, en 1979, y George W. Bush, en 2008. Al día siguiente, Francisco habló en el Congreso de Estados Unidos, país al que el Papa, un hijo del mismo continente, definió como «la tierra de los libres y la patria de los valientes».

Antes de terminar el año, el Papa viajó a Kenia, Uganda y República Centroafricana, a lo cual siguieron en 2016 las visitas a México, donde se reunió con jóvenes, indígenas, trabajadores, presos, migrantes y vecinos de las fronteras, y a la isla de Lesbos. Allí conversó con refugiados y tuvo encuentros con el patriarca ecuménico de Constantinopla, Bartolomé I, y el arzobispo Ortodoxo de Atenas y toda Grecia, Ieronymos. En un hecho sin precedentes, Francisco tuvo «un gesto de acogida hacia los refugiados» y en el avión de regreso a Roma llevó a tres familias de refugiados de Siria —doce personas, de las cuales seis eran menores de edad— que estaban presentes en los campos de Lesbos antes del acuerdo entre Europa y Turquía, luego de negociaciones de la Secretaría de Estado de la Santa Sede con las autoridades griegas e italianas. Los refugiados eran musulmanes: dos familias provenían de Damasco y una de Deir Azzor. Sus viviendas habían sido bombardeadas y la Comunidad de San Egidio —una comunidad cristiana dedicada a la oración, a los pobres y a la promoción de la paz— se hizo cargo de la hospitalidad. Los gastos de las familias fueron asumidos por el Vaticano.

Luego el Papa viajó a Cracovia, sede de la Jornada Mundial de la Juventud en 2016, y en sucesivos viajes fue a Armenia, Georgia, Azerbaiyán y Suecia. En septiembre de 2017, Francisco visitó Colombia, un viaje esperado, en el contexto de la reconciliación del pueblo de ese país, a partir de los acuerdos de paz firmados el año anterior por el gobierno de Juan Manuel Santos con las FARC (Fuerzas Armadas Revolucionarias de Colombia), la organización guerrillera que había tenido en vilo al país durante varias décadas. "Es hora de sanar heridas, de tender puentes, de limar diferencias. Es la hora para desactivar los odios, y renunciar a las venganzas, y abrirse a la convivencia basada en la justicia, en la verdad y en la creación de una verdadera cultura del encuentro fraterno", dijo Francisco en un encuentro multitudinario de oración en el parque Las Malocas, en Villavicencio, al invitar a vivir "en armonía y fraternidad", luego de tantos años de enfrentamientos entre fuerzas militares y organizaciones guerrilleras. El mejor escenario para la construcción de la paz y poner en práctica la plegaria de San Francisco de Asís: "Que allí donde haya odio, yo ponga el amor, y donde haya odio, ponga yo el perdón".

El Papa llevó ese año también su palabra a Egipto, Myanmar, Bangladesh y al santuario de Nuestra Señora de Fátima, en Portugal. En 2018 hizo los viajes pastorales a Chile, Perú, Suiza, Irlanda, Lituania, Letonia y Estonia. Al año siguiente fue el turno de Panamá, Emiratos Árabes Unidos, Marruecos, Bulgaria, Macedonia, Rumania, Mozambique, Madagascar, Mauricio, Tailandia y Japón.

En 2020 hubo un paréntesis obligado por la pandemia y en 2021 retomó la agenda de viajes rumbo a Irak, Hungría, Chipre y Grecia. El propio Francisco reveló en 2024 que durante su visita a Irak, la patria de Abraham y «una zona devastada por la violencia extremista y las profanaciones yihadistas», se frustraron dos atentados en su contra. «La policía informó a la Gendarmería vaticana que los servicios secretos ingleses habían advertido que una mujer-bomba, una joven kamikaze, se dirigía a Mosul para inmolarse durante la visita papal. También comunicaron que una furgoneta había salido a toda velocidad con la misma intención», reveló el Papa tiempo después en su autobiografía *Esperanza*.

Francisco viajó en 2022 a Malta, Canadá, Kasajistán y Bahrein, y en 2023 fue a la República Popular del Congo, Sudán del Sur, Portugal, Mongolia, Marsella (para asistir a las conclusiones de los «Encuentros del Mediterráneo») y Dubái. En septiembre de 2024 hizo su viaje más extenso, a Indonesia, Papúa Nueva Guinea, Timor Oriental y Singapur. Como reflejaron la mayoría de los medios internacionales, más de 600.000 personas —casi la mitad de la población de Timor Oriental— recibieron al Papa en la explanada de Taci Tolu en la capital de uno de los países más pobres del mundo. Francisco alertó sobre «los cocodrilos que quieren cambiarles la cultura y la historia». Y en Papúa Nueva Guinea estableció una singular conexión con pobladores de uno de los rincones más pobres del planeta, donde el 30% de la gente vive en la pobreza extrema y la mayoría es analfabeta. En Yakarta, la capital de Indonesia, firmó una declaración conjunta con el imán Nasaruddin Umar sobre los principios y valores comunes con la comunidad musulmana. El lugar del encuentro fue muy significativo: frente al Túnel de la Amistad, que conecta la Catedral de Nuestra Señora de la Asunción con la mezquita Istiqlal, la más grande del sudeste asiático.

Semanas después del extenuante viaje a Asia y Oceanía, Francisco estuvo en Bélgica y Luxemburgo, y en diciembre se trasladó a la isla de Ajaccio, en Córcega, para asistir a un congreso sobre «La religiosidad popular en el Mediterráneo». Si bien fue su tercera visita a una ciudad de Francia —había estado en Estrasburgo en 2014, para hablar en el Parlamento Europeo, y en Marsella, para las conclusiones de los Encuentros del Mediterráneo—, Francisco nunca estuvo en París, como tampoco visitó España, Alemania y la Argentina, la tierra de sus raíces.

QUINCE

«Yo aprendí mucho de ustedes»,
el diálogo de Francisco con las nuevas
generaciones. «Nadie se salva solo»,
la enseñanza de la pandemia.
El legado del papa argentino

Un testimonio de la apertura que Jorge Bergoglio quiso imprimirle a la Iglesia en su pontificado es el diálogo sin restricciones que mantuvo con diez jóvenes de países diversos, identificados con los rasgos del siglo XXI. Fue en el documental *Amén. Francisco responde*, producido por Disney y realizado por los productores españoles Jordi Évole y Màrius Sánchez, en el cual el Papa conversa sin libreto previo sobre temas que interesan a la generación actual y que durante mucho tiempo fueron considerados tabú para la Iglesia. El diálogo transita entre cuestiones que plantean dilemas viejos de los nuevos tiempos, como la homosexualidad, el aborto, la pederastia, las identidades sexuales, la pornografía, el papel de la mujer, el sacerdocio femenino y la atención espiritual de las personas trans y no binarias, entre muchos otros temas que la Iglesia no abordaba públicamente.

«¿Conoce Tinder?», le preguntan a Francisco, en referencia a la aplicación de citas. Lejos de escandalizarse, el Papa sonríe, admite que no sabe qué es y mantiene un diálogo desacartonado, con pasajes de buen humor y por momentos profundos, sobre los mundos paralelos que transitan la Iglesia y los jóvenes. El encuentro se produjo en un barrio suburbano de Roma y reunió a Francisco, que entonces tenía 86 años, con jóvenes de Colombia, Senegal, Perú, Estados Unidos, España y Ecuador, que contaban entre 20 y 25 años, y que meses antes habían conversado entre ellos durante cuatro horas para definir las principales inquietudes que le transmitirían al pontífice. El resultado fue un documental de 1 hora y 20 minutos de duración que recorrió el mundo y mostró en acción el espíritu de la Iglesia que impulsó el Santo Padre. Fue transmitido en la Semana Santa de 2023, pocos días después de que Francisco fuera dado de alta del hospital Gemelli, donde había permanecido internado tres días por una bronquitis.

Una de las participantes se presenta en el documental como Celia y le explica al Papa que ella es una persona no binaria y cristiana, «aquella que no es un hombre ni una mujer, al menos no totalmente», define. Y le pregunta si ve un espacio en la Iglesia para las personas trans, no binarias y el colectivo LGBT. «Toda persona es hija de Dios. Dios no rechaza a nadie, Dios es Padre. Yo no tengo derecho a echar a nadie de la

Iglesia. La Iglesia no puede cerrarle la puerta a nadie», le responde Francisco. Lejos de cambiar de tema, Celia le transmite que muchas personas de la Iglesia, incluso sacerdotes, promueven el odio y utilizan la Biblia para sustentar esos discursos de odio. «Dicen, por ejemplo: Yo no te estoy excluyendo, lo dice la Biblia».

La respuesta de Francisco es contundente: «Esa gente son infiltrados, que aprovechan la Iglesia para sus pasiones personales. Es una de las corrupciones de la Iglesia y son ideologías cerradas. En el fondo, toda esa gente tiene un drama de incoherencia interior muy grande. Viven para condenar a los demás porque no saben pedir perdón por sus propias faltas. Tendrían que agachar la cabeza y mirar sus culpas. El día que la Iglesia pierda su universalidad y deje de recibir a ciegos, sordos, cojos, buenos, malos... todos, deja de ser Iglesia. Todos tienen cabida». Y reafirma: «La coherencia es lo que más nos cuesta a los cristianos». En documentos y reportajes anteriores ya había sobrevolado este tema. «Jesús llama a todos y cada uno resuelve su relación con Dios como puede o como quiere. A veces uno quiere y no puede, pero el Señor espera siempre», insistió el papa argentino.

En el diálogo con los jóvenes aparece la inquietud por la posición de la Iglesia frente al feminismo, un movimiento creciente en la realidad contemporánea. «Feminista es un adjetivo y a mí me interesan los sustantivos. Nosotros caímos en la cultura del adjetivo. El bautismo no se da a un adjetivo, sino a un sustantivo», es la respuesta del Papa. Insiste en que la preocupación de la Iglesia es la persona humana.

El padre Máximo Jurcinovic, director de la Oficina de Comunicación de la Conferencia Episcopal Argentina, destacó en un artículo publicado en *Infobae* que en el documental Francisco va al encuentro de los jóvenes, como una señal de la misión de la Iglesia. Así lo muestran las imágenes. «Primero, el Papa sale de su casa, del Vaticano. Y va al lugar de ellos, al encuentro de los jóvenes, lejos de la solemnidad romana y vaticana. Segundo, el Papa escucha. Y no solo escucha preguntas, sino que escucha al mundo que no piensa como él. Francisco nos dice que hoy la Iglesia debe escuchar. Debe dejar que se exprese el dolor de los hijos e hijas por sentirse excluidos».

Y agrega otro elemento: «Tercero, el Santo Padre escucha el debate entre los jóvenes. Esa es la Iglesia en medio del pueblo, de sus discusiones y de sus dudas. El documental plantea una Iglesia que no es rectora del pensamiento, sino que puede participar con lo propio en la conversación. En la conversación no hay bajada de línea, hay ida y vuelta, hay cuestionamiento y lugar para la diversidad». El sacerdote concluye que *Amén. Francisco responde* es un contundente ejemplo de diálogo desde la periferia y con la periferia.

La agenda de viajes del papa Francisco, que en los últimos dos años de su pontificado visitó Sudán del Sur, República del Congo y Papúa Nueva Guinea, entre otros países de la periferia geográfica y cultural, explica por dónde pasa hoy el crecimiento de la Iglesia Católica. Los países de África y Asia son los que han reflejado en el último tiempo un aumento de fieles y un crecimiento de las vocaciones sacerdotales, a diferencia del continente americano y de Europa, que experimentan un descenso en el número de sacerdotes. Así lo reflejan los datos del último Anuario Estadístico de la Iglesia, recogidos por la Agencia Fides.

Frente a una población mundial de 7800 millones de personas, el número de católicos asciende a 1383 millones (17,7%), una proporción similar a la que existía en 2013, cuando Francisco asomó en el balcón de la Basílica de San Pedro: 17,5%. Ahora hay, se estima, 13,7 millones más que el año anterior, con un desglose interesante: mientras en Europa se registraron 474.000 católicos menos que el año anterior, los números crecieron en los otros cuatro continentes: África (+7.271.000), América (+5.912.000), Asia (+889.000) y Oceanía (+123.000). A diferencia de América, en África y en Asia también creció la ordenación de nuevos sacerdotes.

El mapa mundial de la Iglesia muestra una caída en el número total de sacerdotes, que hoy asciende a 407.730

en todo el mundo, apenas 142 curas menos que un año antes. El descenso es más pronunciado en los países de Europa (-2745), seguidos por América (-164). Por el contrario, se registran aumentos significativos en África (+1676) y en Asia (+1160). «Crecemos por atracción, no por proselitismo», escribió Francisco en *Esperanza*, donde pronosticó que «la Iglesia que camina será cada vez más universal, y su futuro y fortaleza llegarán también de Latinoamérica, de Asia, de la India, de África y eso ya puede apreciarse en la riqueza de las vocaciones». En esas páginas recordó especialmente su viaje a Indonesia, Singapur, Nueva Guinea y Timor Oriental, donde pudo ver «una Iglesia que crece, con identidad propia, hija de una cultura fresca y a la vez profunda».

Mientras en Europa los católicos representan el 39% de la población, la proporción en los países de América llega al 64,1% y, según las estadísticas de la Santa Sede, las perspectivas de crecimiento son promisorias en Asia y en África, donde los católicos representan el 3,3% y el 19,7%, respectivamente.

Este nuevo «orden mundial de la Iglesia» se expresa, al mismo tiempo, en la conformación del Colegio de Cardenales, el organismo encargado de elegir al nuevo papa cuando el Vaticano quede vacante. Con sus designaciones, el pontífice argentino fue moldeando el elenco de purpurados en sus doce años de pontificado, con el objetivo de dotarlo de un sentido más universal y más representativo de la presencia de la Iglesia en el orbe. En las designaciones predominaron los perfiles más pastorales, y perdieron peso los que proceden de la Curia romana.

En la actualidad hay 252 cardenales, pero son 138 los que podrían ser electores y votar en el cónclave, dado que el derecho a sufragar está reservado a los menores de 80 años. El número y los nombres definitivos dependerán de la fecha en que los purpurados ingresen a la Capilla Sixtina para ungir al nuevo papa. El 80% de los cardenales con capacidad para votar fueron designados por Francisco, que amplió el origen y las nacionalidades de los purpurados para fortalecer ese espíritu universal. Los cambios son permanentes, dado que entre 2024 y 2025 unos 27 cardenales pasarán el límite de 80 años.

Con su impronta, Francisco hizo ingresar al Colegio de Cardenales a arzobispos de países que nunca en la historia estuvieron representados en un cónclave. Por ejemplo, Haití, Sudán del Sur, Irán y Mongolia. Además, por el impulso orientado a formar una Iglesia más universal, la composición geográfica presenta cambios significativos respecto del cónclave de 2013, convocado tras la renuncia de Benedicto XVI. Habrá cardenales de 94 países y el promedio de edad será de 69 años. Asia, por ejemplo, pasará de tener 10 a 23 cardenales electores; África, de 11 a 19, y Europa reducirá su proporción del 52% al 35%, aunque seguirá siendo el continente con más representantes: 55. Por países, Italia disminuirá su representación, de 28 a 16 purpurados. El segundo país con más cardenales será Estados Unidos, con 10. España tendrá nueve, aunque cuatro de ellos representan a diócesis de otros países, Brasil reunirá siete y la Argentina aportará cuatro purpurados en condiciones de votar (Mario Poli, Víctor Manuel Fernández, Ángel Rossi y Vicente Bokalic), cuando en 2013 tenía solo dos (Jorge Bergoglio y Leonardo Sandri, hoy mayor de 80 años). Francisco no asignó el birrete de cardenal a arzobispos de sedes eclesiásticas europeas históricamente relevantes, como París, Milán y Venecia, Bruselas y Lisboa. En cambio, ingresarán a la Capilla Sixtina cardenales de diócesis más pequeñas, con perfiles menos políticos y más pastorales, como Ajaccio (en la isla francesa de Córcega), Uadagugú (Burkina Faso), Santiago del Estero (Argentina) y Rangún (Birmania)".

Las suspicacias existen también en instancias tan decisivas y espirituales como la elección de un papa. Un caso que llamó la atención fue que en el último Anuario Pontificio se corrigió la fecha de nacimiento del arzobispo de Nairobi, John Njue. Figuraba como nacido el 31 de diciembre de 1944, pero la nueva fecha es el 5 de enero de 1946. Esto implica que, en el primer caso, ya habría cumplido 80 años, por lo que no podría ingresar en un cónclave, y la fecha corregida le abre la posibilidad de hacerlo hasta enero de 2026.

La imagen impactante del papa Francisco en la Plaza San Pedro, totalmente vacía, caminando en soledad rumbo a la basílica para ofrecer al mundo un instante de oración en el momento de mayor incertidumbre de la pandemia de Covid-19 adquiere un significado sobrecogedor en momentos de orfandad y de perspectiva de cambio de época.

Fue la lección que transmitió el papa argentino el viernes 27 de marzo de 2020, días después de que la Organización Mundial de la Salud (OMS) declarara el estado de pandemia. En ese momento había 118.000 casos en 114 países, más de 4000 personas habían muerto y otras tantas luchaban por su vida en los hospitales. Con el tiempo se confirmó el trágico saldo de 7 millones de muertos y 692 millones de casos en todo el mundo.

El Papa llamó a aprovechar ese período de prueba como un tiempo de elección, «el tiempo de elegir lo que importa y lo que pasa, de separar lo necesario de lo que no lo es».

«Y podemos fijarnos —prosiguió en la oración— en muchos compañeros de viaje ejemplares que, ante el miedo, han reaccionado dando la vida. Es la fuerza operante del Espíritu derramada y plasmada en entregas valientes y generosas. Es la vida del Espíritu capaz de redimir, valorizar y mostrar cómo nuestra vida está tejida y sostenida por personas comunes —generalmente olvidadas— que no aparecen en los titulares de los periódicos y revistas ni en las grandes pasarelas del último desfile, pero que, sin duda, están escribiendo hoy los acontecimientos decisivos de nuestra historia: médicos, enfermeras, trabajadores de supermercados, limpiadores, cuidadores, transportistas, fuerzas del orden, voluntarios, sacerdotes, monjas y tantos otros que han comprendido que nadie se salva solo».

Al cabo de sus 12 años de pontificado, Francisco deja un camino de reformas para recuperar el sentido misionero de la Iglesia y hacerla menos permeable a los vicios de la burocracia, lo que constituye una hoja de ruta para los próximos años. Sus posturas progresistas frente al escenario político, económico y social tropezaron con el pensamiento conservador que, dentro y fuera de la Iglesia, comenzó a prevalecer en muchos países de Occidente, donde expresiones de extrema derecha en el plano político recuperaron un terreno que habían perdido después de la Segunda Guerra Mundial. El escenario internacional, marcado por guerras y amenazas expansionistas de muchos Estados y gobernantes, coloca a la Iglesia en la misión de defender valores que la comunidad internacional creía afianzados, como la justicia, la democracia y la paz en el mundo. Lo que en su momento Juan Pablo II cuestionaba a los países ubicados detrás de la Cortina de Hierro, hoy son reclamos que Francisco plantea a gobiernos y líderes de Occidente. Se prevé que las tensiones se intensifiquen en el corto y mediano plazo.

El legado construido por Francisco para el sucesor que en algún momento tomará el timón de la Iglesia comprenderá los gestos de austeridad y apertura, como la decisión de no fijar su residencia en el Palacio Apostólico del Vaticano y compartir el día a día con otros actores de la vida eclesiástica en un estilo de vida más austero. A eso se suma la voluntad de avanzar con reformas en la Curia romana, para edificar una Iglesia más dinámica, abierta y transparente.

La resistencia de los sectores ultraconservadores, expresada entre otras voces por el cardenal norteamericano Raymond Burke, cobró fuerza en los últimos años y, particularmente, tras la prolongada internación de Francisco en el Hospital Gemelli, a partir del 14 de febrero de 2025, con severos cuestionamientos que sobrevolaron expectativas e incluso exigencias de renuncia. La oposición se concentra en grupos que combaten las políticas del Papa sobre los migrantes y refugiados, recortes en la Curia romana, el rol de las mujeres en la Iglesia y la apertura a las personas divorciadas que contraen segundas nupcias, entre otras reformas. Otro fuerte crítico de Francisco es el arzobispo italiano Carlo

Maria Viganò, ex nuncio apostólico en Estados Unidos (2011-2016) y a quien el Papa declaró culpable de cisma en julio de 2024, por lo que le impuso la excomunión.

La vocación del Santo Padre al diálogo, su prédica en favor de la paz y su resistencia a los conflictos armados formarán parte de la herencia de un proceso que está orientado a renovar el rostro de la Iglesia. La relación compleja con la Argentina, en el plano político, está marcada desde hace más de una década por sus posturas activas en materia social, pero también por el empeño de dirigentes locales de distinto signo por aparecer como voceros de su pensamiento, lo que no deja apreciar la real dimensión de su figura y diluye el reconocimiento del lugar que Jorge Bergoglio ocupa en la historia.

Sus señales de apertura, austeridad y reformas en el gobierno de la Iglesia construyeron un camino que sus sucesores determinarán, en definitiva, si se trató de un trayecto de ida o de ida y vuelta.

APÉNDICE

La palabra de Francisco. Sus primeras intervenciones como Papa

Habemus Papam!

Primeras palabras del papa Francisco
Balcón de San Pedro
Miércoles 13 de marzo de 2013

Hermanos y hermanas, ¡buenas noches! Sabéis que el deber del Conclave era dar un Obispo a Roma. Parece que mis hermanos cardenales han ido a buscarlo casi al fin del mundo... Pero estamos aquí... Os agradezco la acogida. La comunidad diocesana de Roma tiene a su Obispo: ¡Gracias! Y antes que nada, querría hacer una oración por nuestro Obispo Emérito, Benedicto XVI. Recemos todos juntos por él, para que el Señor lo bendiga y la Virgen lo custodie.

(Es rezado el Padre Nuestro, el Ave María y el Gloria).

Y ahora, empezamos este camino: obispo y pueblo. Este camino de la Iglesia de Roma, que es la que preside en la caridad a todas las iglesias. Un camino de fraternidad, de amor, de confianza entre nosotros. Recemos siempre por nosotros: los unos por los otros. Recemos por todo el mundo, para que haya una gran fraternidad. Os deseo que este camino de la Iglesia, que hoy comenzamos y en el cual me ayudará mi cardenal vicario, aquí presente, sea fructuoso para la evangelización de esta ciudad tan hermosa.

Y ahora querría dar la bendición... Pero antes, antes, os pido un favor: antes de que el Obispo bendiga al pueblo, os pido que vosotros recéis al Señor para que me bendiga: la oración del pueblo, pidiendo la bendición para su Obispo. Hagamos en silencio esta oración de vosotros por mí.

Ahora os doy la bendición a vosotros y a todo el mundo, a todos los hombres y mujeres de buena voluntad.

Hermanos y hermanos os dejo. Muchas gracias por vuestra acogida. Rezad por mí y hasta pronto. Nos veremos pronto: mañana quiero ir a rezar a la Virgen, para que custodie a toda Roma. ¡Buenas noches y que descanséis!

*Ah... ¡Cómo quisiera una Iglesia pobre
y para los pobres!*

Audiencia con los medios de comunicación
Auditorio Pablo VI
Sábado 16 de marzo de 2013

Queridos amigos, estoy contento de estar con vosotros, al inicio de mi ministerio en la Sede de Pedro, para encontrarme con vosotros que habéis trabajado aquí en Roma en este período tan intenso iniciado con el sorprendente anuncio de mi venerado predecesor Benedicto XVI el 11 de febrero pasado. Saludo cordialmente a cada uno de vosotros.

El papel de los medios de comunicación ha ido creciendo en estos últimos tiempos, hasta el punto de convertirse en indispensable para narrar al mundo los acontecimientos de la historia contemporánea. Os dirijo un agradecimiento especial por vuestro calificado servicio en los días pasados —habéis trabajado ¿eh?, ¡habéis trabajado!— en estos días en los que los ojos del mundo católico, y no solo católico, se han dirigido a la Ciudad Eterna, especialmente a este territorio cuyo baricentro es la tumba de San Pedro. En estas semanas habéis tenido ocasión de hablar de la Santa Sede, de la Iglesia, de sus ritos, de sus tradiciones, de su fe, y en especial del papel del Papa y de su ministerio.

Un agradecimiento especialmente a todos los que han sabido observar y presentar estos acontecimientos de la historia de la Iglesia teniendo en cuenta la perspectiva más justa en que deben ser leídos: la de la fe. Los acontecimientos de la Historia requieren casi siempre una lectura compleja que a veces también puede comprender la dimensión de la fe. Los acontecimientos eclesiales no son, ciertamente, más complicados que los políticos o económicos. Tienen sin embargo, una característica de fondo particular: responden a una lógica que no es principalmente la lógica de las categorías —por decirlo así— mundanas, y precisamente por esto no es fácil interpretarlas y comunicarlas a un público amplio y heterogéneo. La Iglesia aunque ciertamente es una institución humana e histórica, con todo lo que esto comporta, no tiene una naturaleza política, sino esencialmente espiritual: es el pueblo de Dios. El santo pueblo de Dios que camina hacia el encuentro con Jesucristo.

Solo colocándose en esta perspectiva se puede dar razón plenamente de todo cuanto la Iglesia Católica obra. Cristo es el Pastor de la Iglesia, pero su presencia en la Historia pasa a través de la libertad de los hombres: Entre ellos, uno ha sido escogido para servir como su Vicario, sucesor del apóstol Pedro, ¡pero Cristo es el centro! El referente fundamental, el corazón de la Iglesia. Cristo es el centro; no, el sucesor de Pedro. Sin Cristo, ni Pedro ni la Iglesia existirían ni tendrían razón de ser. Como ha repetido muchas veces Benedicto XVI, Cristo está presente y guía su Iglesia. En todo lo que ha sucedido, el protagonista es, en último análisis, el Espíritu Santo. Él ha inspirado la decisión de Benedicto XVI para el bien de la Iglesia; Él ha dirigido a los cardenales en la oración y en la elección. Es importante, queridos amigos, tener en cuenta este horizonte interpretativo, esta hermenéutica para analizar a fondo los acontecimientos de estos días.

De aquí nace, sobre todo, un renovado y sincero agradecimiento por la fatiga de estos días particularmente trabajosos, pero también una invitación a tratar de conocer siempre mejor la naturaleza verdadera de la Iglesia y las motivaciones espirituales que la guían y que son las más auténticas para comprenderla. Podéis estar seguros de que la Iglesia, por su parte, presta gran atención a vuestro precioso trabajo; tenéis la capacidad de recoger y expresar las esperanzas y exigencias de nuestro tiempo, de ofrecer los elementos para una lectura de la realidad. Vuestro trabajo necesita estudio, sensibilidad, experiencia —como tantas otras profesiones—, pero conlleva una atención particular hacia la verdad, la bondad y la belleza; y esto nos acerca mucho, porque la Iglesia existe para comunicar eso mismo: la Verdad, la Bondad y la Belleza *in persona*. Debe quedar claro que estamos todos llamados no a comunicar lo nuestro, sino esta tríada existencial que conforman la verdad, la bondad y la belleza.

Algunos no sabían por qué el Obispo de Roma ha querido llamarse Francisco, unos pensaban en Francisco Javier, otros en Francisco de Sales, también en Francisco de Asís. Ahora os cuento la historia.

En la elección yo tenía a mi lado al arzobispo emérito de São Paulo, que es también Prefecto emérito de la Congregación para el Clero, el cardenal Claudio Hummes; un gran amigo, un gran amigo. Cuando la cosa se estaba volviendo «peligrosa», me confortaba. Y cuando los votos llegaron a los dos tercios, hubo el acostumbrado aplauso porque había sido elegido el Papa. Él me abrazó, me besó y me dijo: «No te olvides de los pobres». Y esa palabra entró aquí —ha dicho el papa Francisco señalando el corazón—. Los pobres, los pobres. Luego, enseguida, en relación a los pobres pensé en Francisco de Asís. Después, pensé en las guerras, mientras el escrutinio proseguía, hasta contar todos los votos. Y Francisco es el hombre de la paz. El hombre que ama y custodia la creación, en este momento en que nosotros tenemos con la creación una relación no muy buena, ¿no? Es el hombre que nos da este espíritu de paz, el hombre pobre. ¡Ah, como querría una Iglesia pobre y para los pobres! Después algunos han hecho algunos comentarios: Tendrías que llamarte Adriano, porque Adriano VI ha sido el reformador, hay que reformar. Y otro me dijo no, no, tu nombre tiene que ser Clemente. ¿Y por qué? Clemente XV, y así te puedes vengar contra Clemente XIV que suprimió la Compañía de Jesús. ¡Son chistes!

Os quiero, os agradezco todo lo que habéis hecho y pienso en vuestro trabajo, os deseo que trabajéis con serenidad y con frutos, y que conozcáis cada vez más el Evangelio de Jesucristo, y la realidad de la Iglesia, Os confío a la intercesión de la Bienaventurada Virgen María, Estrella de la evangelización. Os deseo lo mejor a vosotros y a vuestras familias, a cada una de vuestras familias. Imparto de corazón a todos vosotros la bendición, muchas gracias.

Os había dicho que os daría de todo corazón mi bendición. Muchos de vosotros no pertenecen a la Iglesia Católica, otros no son creyentes. Os doy de corazón esta bendición, en silencio, a cada uno de vosotros, respetando la conciencia de cada uno, pero sabiendo que cada uno de vosotros es hijo de Dios. Que Dios os bendiga.

Angelus

Plaza de San Pedro
Domingo 17 de marzo de 2013

Hermanos y hermanas, buenos días. ¡Después de la primera reunión del miércoles pasado, hoy de nuevo puedo saludar a todos! ¡Y estoy feliz de hacerlo en domingo, en el día del Señor! Esto es hermoso e importante para nosotros cristianos, reunirnos el domingo, saludarnos, hablarnos como ahora aquí, en la plaza. Una plaza que, gracias a los medios de comunicación, tiene la dimensión del mundo. En este quinto domingo de Cuaresma, el Evangelio nos presenta el episodio de la mujer adúltera, a la que Jesús salvó de la condena a muerte. Nos conmueve la actitud de Jesús: no escuchamos palabras de desprecio, no escuchamos palabras de condena, sino solo palabras de amor, de misericordia, que invitan a la conversión «Tampoco yo te condeno ¡Vete y ya no vuelvas a pecar!» ¡Oh, hermanos y hermanas, el rostro de Dios es el de un padre misericordioso, que siempre tiene paciencia! ¿Habéis pensado en la paciencia de Dios, la paciencia que tiene con cada uno de nosotros? ¡Eh, esa es su misericordia! Siempre tiene paciencia: tiene paciencia con nosotros, nos comprende, nos espera, no se cansa de perdonarnos si sabemos volver a Él con el corazón contrito. Grande es la misericordia del Señor.

En estos días, he podido leer un libro de un cardenal —el cardenal Kasper, un teólogo muy competente, un buen teólogo— sobre la misericordia. Y me ha hecho mucho bien, ese libro, pero no penséis que hago publicidad a los libros de mis cardenales, ¿eh? No es así, pero me ha hecho tanto bien, tanto bien... El cardenal Kasper decía que sentir misericordia, esta palabra cambia todo. Es lo mejor que podemos oír: cambia el mundo. Un poco de misericordia hace el mundo menos frío y más justo. Necesitamos entender bien esta misericordia de Dios, este Padre misericordioso, que tiene tanta paciencia... Recordemos al profeta Isaías, que afirma que aunque nuestros pecados fuesen color rojo escarlata, el amor de Dios los convertirá en blancos como la nieve.

¡Es hermoso, lo de la misericordia! Recuerdo, cuando apenas era obispo, en 1992, llegó a Buenos Aires la Virgen de Fátima y se hizo una gran misa para los enfermos. Fui a confesar, a aquella misa. Y casi al final de la misa me levanté porque tenía que administrar una confirmación. Vino hacia mí una mujer anciana, humilde, muy humilde, de más de ochenta años. La miré y le dije:

«Abuela —porque allí llamamos así a los ancianos—, abuela, ¿se quiere confesar?» «Sí», me dijo. «Pero si usted no ha pecado…» Y ella me dijo: «Todos tenemos pecados»… «Pero el Señor ¿no la perdona?» «El Señor perdona todo», me dijo, segura. «Pero, ¿cómo lo sabe usted, señora?» «Si el Señor no perdonase todo, el mundo no existiría».

Tuve ganas de preguntarle: «Dígame, señora, ¿ha estudiado usted en la Gregoriana?» Porque esa es la sabiduría que concede el Espíritu Santo: la sabiduría interior hacia la misericordia de Dios. No olvidemos esta palabra: Dios nunca se cansa de perdonar. Nunca. «Y, padre, ¿cuál es el problema?» El problema es que nosotros nos cansamos, no queremos, nos cansamos de pedir perdón. Él jamás se cansa de perdonar, pero nosotros, a veces, nos cansamos de pedir perdón. No nos cansemos nunca, no nos cansemos nunca. Él es Padre amoroso que siempre perdona, que tiene ese corazón misericordioso con todos nosotros. Y aprendamos también nosotros a ser misericordiosos con todos. Invoquemos la intercesión de la Virgen, que tuvo en sus brazos la Misericordia de Dios hecha hombre.

Gracias por vuestra acogida y vuestra oración. Os pido que recéis por mí. Renuevo mi abrazo a los fieles de Roma y lo extiendo a todos vosotros, que habéis venido de varias partes de Italia y del mundo, así como a aquellos que se unen a nosotros a través de los medios de comunicación. He elegido el nombre del santo patrono de Italia, San Francisco de Asís, y esto refuerza mis lazos espirituales con esta tierra, de la que —como sabéis— es originaria mi familia. Pero Jesús nos ha llamado a ser parte de una nueva familia: su Iglesia; esta familia de Dios, para caminar juntos por los caminos del Evangelio. ¡Que el Señor os bendiga y la Virgen os proteja! Y no os olvidéis de esto: El Señor nunca se cansa de perdonar. Somos nosotros los que nos cansamos de pedir perdón.

Buen domingo y que os aproveche el almuerzo.

Misa de inicio del ministerio petrino
Homilía del santo padre Francisco

Plaza de San Pedro
Martes 19 de marzo de 2013
Solemnidad de San José

Queridos hermanos y hermanas, doy gracias al Señor por poder celebrar esta Santa Misa de comienzo del ministerio petrino en la solemnidad de San José, esposo de la Virgen María y patrono de la Iglesia universal: es una coincidencia muy rica de significado, y es también el onomástico de mi venerado Predecesor: le estamos cercanos con la oración, llena de afecto y gratitud.

Saludo con afecto a los hermanos Cardenales y Obispos, a los presbíteros, diáconos, religiosos y religiosas y a todos los fieles laicos. Agradezco por su presencia a los representantes de las otras Iglesias y Comunidades eclesiales, así como a los representantes de la comunidad judía y otras comunidades religiosas. Dirijo un cordial saludo a los Jefes de Estado y de Gobierno, a las delegaciones oficiales de tantos países del mundo y al Cuerpo Diplomático.

Hemos escuchado en el Evangelio que «José hizo lo que el ángel del Señor le había mandado, y recibió a su mujer» (*Mt* 1,24). En estas palabras se encierra ya la misión que Dios confía a José, la de ser *custos*, custodio. Custodio ¿de quién? De María y Jesús; pero es una custodia que se alarga luego a la Iglesia, como ha señalado el beato Juan Pablo II: «Al igual que cuidó amorosamente a María y se dedicó con gozoso empeño a la educación de Jesucristo, también custodia y protege su cuerpo místico, la Iglesia, de la que la Virgen Santa es figura y modelo» (Exhort. ap. *Redemptoris Custos*, 1).

¿Cómo ejerce José esta custodia? Con discreción, con humildad, en silencio, pero con una presencia constante y una fidelidad total, aun cuando no comprende. Desde su matrimonio con María hasta el episodio de Jesús en el Templo de Jerusalén a los doce años, acompaña en todo momento con esmero y amor. Está junto a María, su esposa, tanto en los momentos serenos de la vida como en los difíciles, en el viaje a Belén para el censo y en las horas temblorosas y gozosas del parto; en el momento dramático de la huida a Egipto y en la afanosa búsqueda de su hijo en el Templo; y después en la vida cotidiana en la casa de Nazaret, en el taller donde enseñó el oficio a Jesús.

¿Cómo vive José su vocación como custodio de María, de Jesús, de la Iglesia? Con la atención constante a Dios, abierto a sus signos, disponible a su proyecto, y no tanto al propio; y eso es lo que Dios le pidió a David, como hemos escuchado en la primera Lectura: Dios no quiere una casa construida por el hombre, sino la fidelidad a su palabra, a su designio; y es Dios mismo quien construye la casa, pero de piedras vivas marcadas por su Espíritu. Y José es «custodio» porque sabe escuchar a Dios, se deja guiar por su voluntad, y precisamente por eso es más sensible aún a las personas que se le han confiado, sabe cómo leer con realismo los acontecimientos, está atento a lo que le rodea, y sabe tomar las decisiones más sensatas. En él, queridos amigos, vemos cómo se responde a la llamada de Dios, con disponibilidad, con prontitud; pero vemos también cuál es el centro de la vocación cristiana: Cristo. Guardemos a Cristo en nuestra vida, para guardar a los demás, salvaguardar la creación.

Pero la vocación de custodiar no solo nos atañe a nosotros, los cristianos, sino que tiene una dimensión que antecede y que es simplemente humana, corresponde a todos. Es custodiar toda la creación, la belleza de la creación, como se nos dice en el libro del *Génesis* y como nos muestra San Francisco de Asís: es tener respeto por todas las criaturas de Dios y por el entorno en el que vivimos. Es custodiar a la gente, es preocuparse por todos, por cada uno, con amor, especialmente por los niños, los ancianos, quienes son más frágiles y que a menudo se quedan en la periferia de nuestro corazón. Es preocuparse uno del otro en la familia: los cónyuges se guardan recíprocamente y luego, como padres, cuidan de los hijos, y con el tiempo, también los hijos se convertirán en cuidadores de sus padres. Es vivir con sinceridad las amistades, que son un recíproco protegerse en la confianza, en el respeto y en el bien. En el fondo, todo está confiado a la custodia del hombre, y es una responsabilidad que nos afecta a todos. Sed custodios de los dones de Dios.

Y cuando el hombre falla en esta responsabilidad, cuando no nos preocupamos por la creación y por los hermanos, entonces gana terreno la destrucción y el corazón se queda árido. Por desgracia, en todas las épocas de la historia existen «Herodes» que traman planes de muerte, destruyen y desfiguran el rostro del hombre y de la mujer.

Quisiera pedir, por favor, a todos los que ocupan puestos de responsabilidad en el ámbito económico, político o social, a todos los hombres y mujeres de buena voluntad: seamos «custodios» de la creación, del designio de Dios inscrito en la naturaleza, guardianes del otro, del medio ambiente; no dejemos que los signos de destrucción y de muerte acompañen el camino de este mundo nuestro. Pero, para «custodiar», también tenemos que cuidar de nosotros mismos. Recordemos que el odio, la envidia, la soberbia ensucian la vida. Custodiar quiere decir entonces vigilar sobre nuestros sentimientos, nuestro corazón, porque ahí es de donde salen las intenciones buenas y malas: las que construyen y las que destruyen. No debemos tener miedo de la bondad, más aún, ni siquiera de la ternura.

Y aquí añado entonces una ulterior anotación: el preocuparse, el custodiar, requiere bondad, pide ser vivido con ternura. En los Evangelios, San José aparece como un hombre fuerte y valiente, trabajador, pero en su alma se percibe una gran ternura, que no es la virtud de los débiles, sino más bien todo lo contrario: denota fortaleza de ánimo y capacidad de atención, de compasión, de verdadera apertura al otro, de amor. No debemos tener miedo de la bondad, de la ternura.

Hoy, junto a la fiesta de San José, celebramos el inicio del ministerio del nuevo Obispo de Roma, Sucesor de Pedro, que comporta también un poder. Ciertamente, Jesucristo ha dado un poder a Pedro, pero ¿de qué poder se trata? A las tres preguntas de Jesús a Pedro sobre el amor, sigue la triple invitación: Apacienta mis corderos, apacienta mis ovejas. Nunca olvidemos que el verdadero poder es el servicio, y que también el Papa, para ejercer el poder, debe entrar cada vez más en ese servicio que tiene su culmen luminoso en la cruz; debe poner sus ojos en el servicio humilde, concreto, rico de fe, de San José y, como él, abrir los brazos para custodiar a todo el Pueblo de Dios y acoger con afecto y ternura a toda la humanidad, especialmente los más pobres, los más débiles, los más pequeños; eso que Mateo describe en el juicio final sobre la caridad: al hambriento, al sediento, al forastero, al desnudo, al enfermo, al encarcelado (cf. *Mt* 25,31-46). Solo el que sirve con amor sabe custodiar.

En la segunda Lectura, San Pablo habla de Abraham, que «apoyado en la esperanza, creyó, contra toda esperanza» (*Rm* 4,18). Apoyado en la esperanza, contra toda esperanza. También hoy, ante tantos cúmulos de cielo gris, hemos de ver la luz de la esperanza y dar nosotros mismos esperanza. Custodiar la creación, cada hombre y cada mujer, con una mirada de ternura y de amor; es abrir un resquicio de luz en medio de tantas nubes; es llevar el calor de la esperanza. Y, para el creyente, para nosotros los cristianos, como Abraham, como San José, la esperanza que llevamos tiene el horizonte de Dios, que se nos ha abierto en Cristo, está fundada sobre la roca que es Dios.

Custodiar a Jesús con María, custodiar toda la creación, custodiar a todos, especialmente a los más pobres, custodiarnos a nosotros mismos; he aquí un servicio que el Obispo de Roma está llamado a desempeñar, pero al que todos estamos llamados, para hacer brillar la estrella de la esperanza: protejamos con amor lo que Dios nos ha dado.

Imploro la intercesión de la Virgen María, de San José, de los Apóstoles San Pedro y San Pablo, de San Francisco, para que el Espíritu Santo acompañe mi ministerio, y a todos vosotros os digo: Orad por mí. Amén.

Homilía del Domingo de Ramos

Plaza de San Pedro
Domingo 24 de marzo de 2013

«Jesús entra en Jerusalén. La muchedumbre de los discípulos lo acompaña festivamente, se extienden los mantos ante él, se habla de los prodigios que ha hecho, se eleva un grito de alabanza: «¡Bendito el que viene como rey, en nombre del Señor! Paz en el cielo y gloria en lo alto» (Lc 19,38).

Gentío, fiesta, alabanza, bendición, paz. Se respira un clima de alegría. Jesús ha despertado en el corazón tantas esperanzas, sobre todo entre la gente humilde, simple, pobre, olvidada, esa que no cuenta a los ojos del mundo. Él ha sabido comprender las miserias humanas, ha mostrado el rostro de misericordia de Dios, se ha inclinado para curar el cuerpo y el alma.

Este es Jesús. Este es su corazón que nos mira a todos, que mira nuestras enfermedades, nuestros pecados. Es grande el amor de Jesús. Y así entra en Jerusalén con este amor, y nos mira a todos. Es una bella escena, llena de luz —la luz del amor de Jesús, el de su corazón—, de alegría, de fiesta.

Al comienzo de la misa, también nosotros la hemos repetido. Hemos agitado nuestras palmas. También nosotros hemos acogido al Señor; también nosotros hemos expresado la alegría de acompañarlo, de saber que nos es cercano, presente en nosotros y en medio de nosotros como un amigo, como un hermano, también como rey, es decir, como faro luminoso de nuestra vida. Jesús es Dios, pero se ha abajado a caminar con nosotros. Es nuestro amigo, nuestro hermano. Aquí nos ilumina en el camino. Y así hoy lo hemos acogido. Y esta es la primera palabra que quería deciros: alegría.

No seáis nunca hombres y mujeres tristes: un cristiano jamás puede serlo. Nunca os dejéis vencer por el desánimo. Nuestra alegría no es algo que nace de tener tantas cosas, sino que nace de haber encontrado a una persona, Jesús, que está en medio de nosotros, nace de saber que, con él, nunca estamos solos, incluso en los momentos difíciles, aun cuando el camino de la vida tropieza con problemas y obstáculos que parecen insuperables... y ¡hay tantos!

Y en este momento viene el enemigo, viene el diablo, tantas veces disfrazado de ángel, y de modo insidioso nos dice su palabra. ¡No lo escuchéis! ¡Sigamos a

Jesús! Nosotros acompañamos, seguimos a Jesús, pero sobre todo sabemos que él nos acompaña y nos carga sobre sus hombros: en esto reside nuestra alegría, la esperanza que hemos de llevar en este mundo nuestro. Y por favor, ¡no os dejéis robar la esperanza! ¡No dejéis que os roben la esperanza! La que nos da Jesús.

Segunda palabra. ¿Por qué Jesús entra en Jerusalén? O, tal vez mejor, ¿cómo entra Jesús en Jerusalén? La multitud lo aclama como rey. Y él no se opone, no la hace callar (cf. *Lc* 19,39-40). Pero, ¿qué tipo de rey es Jesús? Mirémoslo: montado en un pollino, no tiene una corte que lo sigue, no está rodeado por un ejército, símbolo de fuerza. Quien lo acoge es gente humilde, sencilla, que tiene el buen sentido de ver en Jesús algo más; tiene el sentido de la fe, que dice: este es el Salvador. Jesús no entra en la Ciudad Santa para recibir los honores reservados a los reyes de la Tierra, a quien tiene poder, a quien domina; entra para ser azotado, insultado y ultrajado, como anuncia Isaías en la primera lectura (cf. *Is* 50,6); entra para recibir una corona de espinas, una caña, un manto de púrpura: su realeza será objeto de burla; entra para subir al Calvario cargando un madero. Y, entonces, he aquí la segunda palabra: cruz. Jesús entra en Jerusalén para morir en la cruz.

Y es precisamente aquí donde resplandece su ser rey según Dios: su trono regio es el madero de la cruz. Pienso en lo que Benedicto XVI decía a los cardenales: «Sois príncipes, pero de un rey crucificado. Ese es el trono de Jesús. Jesús toma sobre sí... ¿por qué la cruz? Porque Jesús toma sobre sí el mal, la suciedad, el pecado del mundo, también el nuestro, el de todos nosotros, y lo lava, lo lava con su sangre, con la misericordia, con el amor de Dios. Miremos a nuestro alrededor: ¡cuántas heridas inflige el mal a la humanidad! Guerras, violencias, conflictos económicos que se abaten sobre los más débiles, la sed de dinero, que luego nadie puede llevarse consigo, debe dejarlo. Mi abuela nos decía cuando éramos niños: el sudario no tiene bolsillos. Amor al dinero, poder, la corrupción, las divisiones, los crímenes contra la vida humana y contra la creación.

Y también —cada uno de nosotros lo sabe y lo conoce— nuestros pecados personales: las faltas de amor y de respeto a Dios, al prójimo y a toda la creación. Y Jesús en la cruz siente todo el peso del mal, y con la fuerza del amor de Dios lo vence, lo derrota en su resurrección. Este es el bien que Jesús nos hace a todos sobre el trono de la cruz. La cruz de Cristo, abrazada con amor, nunca conduce a la tristeza, sino a la alegría, a la alegría de ser salvados y de hacer un poquito lo que Él hizo el día de su muerte.

Hoy están en esta plaza tantos jóvenes: desde hace veintiocho años, el Domingo de Ramos es la Jornada de la Juventud. Y esta es la tercera palabra: jóvenes. Queridos jóvenes, os he visto en la procesión, cuando entrabais; os imagino haciendo fiesta en torno a Jesús, agitando ramos de olivo; os imagino mientras aclamáis su nombre y expresáis la alegría de estar con él. Vosotros tenéis una parte importante en la celebración de la fe. Nos traéis la alegría de la fe y nos decís que tenemos que vivir la fe con un corazón joven, siempre, un corazón joven, incluso a los setenta, ochenta años. ¡Corazón joven!

Con Cristo el corazón nunca envejece. Pero todos sabemos, y vosotros lo sabéis bien, que el Rey a quien seguimos y nos acompaña es un Rey muy especial: es un Rey que ama hasta la cruz y que nos enseña a servir, a amar. Y vosotros no os avergonzáis de su cruz. Más aún, la abrazáis porque habéis comprendido que la verdadera alegría está en el don de sí mismo, en el don de sí, en salir de sí mismos y que con el amor de Dios Él ha triunfado sobre el mal precisamente con el amor.

Lleváis la cruz peregrina a través de todos los continentes, por las vías del mundo. La lleváis respondiendo a la invitación de Jesús: «Id y haced discípulos de todos los pueblos» (*Mt* 28,19), que es el tema de la Jornada Mundial de la Juventud de este año. La lleváis para decir a todos que, en la cruz, Jesús ha derribado el muro de la enemistad, que separa a los hombres y a los pueblos, y ha traído la reconciliación y la paz.

Queridos amigos, también yo me pongo en camino con vosotros, desde hoy, sobre las huellas del beato Juan

Pablo II y Benedicto XVI. Ahora estamos ya cerca de la próxima etapa de esta gran peregrinación de la cruz. Miro con alegría al próximo mes de julio, en Río de Janeiro. Os doy cita en aquella gran ciudad de Brasil. Preparaos bien, sobre todo espiritualmente en vuestras comunidades, para que este encuentro sea un signo de fe para el mundo entero ¡Los jóvenes deben decir al mundo: es bueno ir con Jesús!, ¡es bueno andar con Jesús!, ¡es bueno el mensaje de Jesús!... ¡es bueno salir de sí mismos, ir a la periferia del mundo y de la existencia para llevar a Jesús! Tres palabras: alegría, cruz, jóvenes.

Pidamos la intercesión de la Virgen María. Ella nos enseña el gozo del encuentro con Cristo, el amor con el que debemos mirarlo al pie de la cruz, el entusiasmo del corazón joven con el que hemos de seguirlo en esta Semana Santa y durante toda nuestra vida. Así sea.

AGRADECIMIENTOS

Como manifesté en la primera edición, es un lugar común agradecer y decir que un libro no es la obra de una sola persona. Lo suscribo, aunque sea un lugar común: este libro no es obra de una persona sola.

Mi reconocimiento inicial es a Ignacio Iraola, director editorial de Planeta durante muchos años, que me ofreció la posibilidad de escribir una biografía del papa Francisco apenas una hora después de su elección, en marzo de 2013, y al editor Rodolfo González Arzac, que me dio amplia libertad y apoyo y, como siempre, facilitó la tarea para que las cosas salieran como si no hubiéramos tenido que trabajar contra reloj. Tanto en la primera edición, cuando había que explicarle al mundo quién era el cardenal argentino que llegaba al Vaticano, como en el momento de encarar esta edición actualizada para evaluar los puntos más trascendentes de su pontificado.

Agradezco a Iris Gutiérrez Posada, entusiasta periodista que me ayudó con varias entrevistas y recopilación de material, que me permitió trabajar con tranquilidad en aquellas jornadas febriles de 2013.

Extiendo el agradecimiento a mis compañeros editores en el diario *La Nación*, con quienes participo del curioso hábito de aprender trabajando. Un reconocimiento especial a Elisabetta Piqué, brillante periodista y amiga, con quien compartí coberturas en el Vaticano y el seguimiento de los pasos dados por Jorge Bergoglio en los últimos veinticinco años.

Fue muy valioso, finalmente, el apoyo que me brindaron mi esposa, Alejandra, y mis queridos hijos Trini, Guada y Agus, que me ayudaron en todo. Trini, especialmente, en la revisión de los textos en esta edición actualizada.

A mis padres, por todo lo que me dieron, y a mis nietos, por todo lo que me dan.

ÍNDICE

INTRODUCCIÓN
El pastor que cambió el rostro de la Iglesia 7

UNO
El 13 del 3 del 13. El día de Francisco 21

DOS
La inmigración, un tema siempre presente. La infancia
en Flores. Un prendedor con el escudo peronista.
Primer contacto con las Madres de Plaza de Mayo 39

TRES
La gran decisión: el ingreso al Seminario. La enfermedad
pulmonar. El encuentro con Jorge Luis Borges.
El tránsito hacia la Casa de los Jesuitas 59

CUATRO
Guiar el rebaño de los jesuitas: su primera experiencia
de gobierno. La Universidad del Salvador.
La dictadura militar 79

Cinco

La difícil tarea de ser obispo auxiliar de Buenos Aires en los años noventa. Ideas renovadoras. Las lecturas que lo marcaron para siempre. Los referentes en la Iglesia 101

Seis

El arzobispo de Buenos Aires que pedía que lo llamen padre. El brindis como «hombre resucitado». El humor y la amistad como herramientas para construir lazos con la comunidad judía 121

Siete

El desembarco en las villas. La lucha contra el crimen organizado, el narcotráfico y la trata de personas. El combate a la pobreza 145

Ocho

El jefe de la Iglesia argentina ve la represión desde su ventana. La relación traumática con Néstor y Cristina Kirchner. Una despedida peronista. Un rumor que nace 161

Nueve

Un segundo puesto inesperado. Un dossier secreto. Dos tomos que queman. La gran disputa vaticana. El dato clave que nadie valoró 183

Diez
La renuncia que no fue. La designación inesperada.
La vigencia del Concilio Vaticano II. La lupa sobre
la Curia. Las reformas que no tardaron en llegar 205

Once
Un año de gestión y transformación. Los gestos
simbólicos que recorrieron el mundo. La estrategia
para darle una nueva dirección a la Iglesia.
La intimidad del día a día en el Vaticano 225

Doce
Francisco y su relación con la Argentina: las barreras
de la grieta y los prejuicios. Diálogo con personas
dentro y fuera de la Iglesia. Alianza con
los movimientos populares 253

Trece
La Iglesia de Francisco: un renovado plan pastoral.
El cuidado de la casa común y el destino universal
de los bienes. Llamados y gestos para prevenir
la guerra 271

Catorce
El grito silencioso de las pequeñas víctimas.
La nueva política para dar protección a los menores.
Los viajes de Francisco. Dos intentos de atentado 289

Quince

«Yo aprendí mucho de ustedes», el diálogo de Francisco con las nuevas generaciones. «Nadie se salva solo», la enseñanza de la pandemia. El legado del papa argentino 305

Apéndice

La palabra de Francisco. Sus primeras intervenciones como Papa 319

Agradecimientos................................. 345

«Parece que mis hermanos cardenales han venido a buscarme al fin del mundo», bromeó Francisco, en su primer mensaje como Papa.

Jorge Bergoglio pasó su infancia y adolescencia en el barrio de Flores.

En 1965 Bergoglio invitó a sus clases de literatura en el colegio Inmaculada Concepción a Jorge Luis Borges. Aquí, ambos, junto al profesor Jorge González Manent.

En los años 60, en el Colegio Inmaculada Concepción de Santa Fe, dictó clases de literatura, arte y psicología.

La familia Bergoglio. De negro, con las manos cruzadas, en la fila de atrás: Jorge Mario.

En 1978, durante una homilía.

El ahora Papa encabeza la procesión antes de misa en 1978. Lo sigue el superior de los jesuitas, Pedro Arrupe.

«Que nadie utilice el nombre de Dios para justificar la violencia», pidió el Papa en su visita al Muro de los Lamentos, en Jerusalén, el 26 de mayo de 2014.

Getty Images

Ante una multitud en territorio palestino, Francisco celebró una misa en la Plaza del Pesebre en Belén, durante su visita a Tierra Santa, el 25 de mayo de 2014.

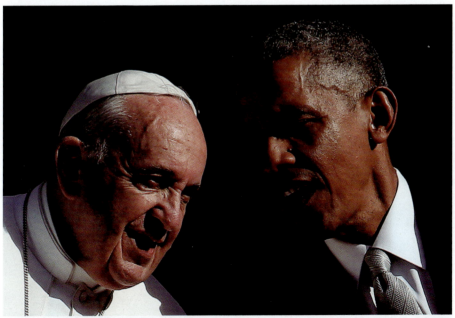

El 23 de septiembre de 2015, en su visita a Washington, Francisco fue recibido en la Casa Blanca por el presidente Barack Obama, quien lo llamó «emperador de la paz».

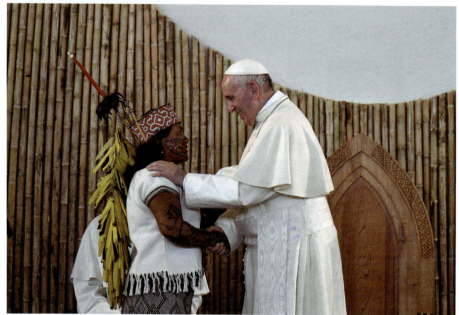

En su viaje a Perú, Francisco saludó en Puerto Maldonado a representantes de comunidades indígenas de la Amazonia, el 19 de enero de 2018.

Francisco encabeza las meditaciones del Via Crucis en la Plaza San Pedro, el Viernes Santo del año 2020, en los momentos de mayor preocupación mundial por la pandemia de Covid-19.

Fervorosa recepción a Francisco en Myanmar, en noviembre de 2017, luego del establecimiento de relaciones diplomáticas formales entre ese país del sudeste asiático y la Santa Sede.

Histórica visita del Papa a Irak, la tierra de Abraham, donde se abortaron dos intentos de atentados contra su vida, en marzo de 2021.

Con la solemne apertura de la Puerta Santa de la Basílica de San Pedro, en Roma, Francisco inauguró el Año Santo el 24 de diciembre de 2024, lo que marca el comienzo del Jubileo.

Getty Images